50歳からの時間の使いかた

残り22年どう楽しんでやるか

弘兼憲史

興陽館

カバー・本文イラスト　弘兼憲史

はじめに――
「コップ半分の水」あなたはどう感じる？

50歳では、まだ自分に残された時間、要するに「寿命」を意識したことはないという人も多いでしょう。でも、考えてみれば、男性だったら平均寿命の80歳まで生きたとして、あと30年、健康寿命とされる72歳までだったら、あと22年くらいだということがわかるはずです。

22年前と言えば、28歳の頃です。

今、55歳の人だったら、33歳のときの話です。

その頃から現在までの時間を振り返ってみると、自分が健康で動いていられる残された時間は、そんなに長い時間ではないなと感じる人が多いのではないでしょうか。

50歳から後半人生の生き方を考えようということは、残された時間を意識しましょうよ、ということでもあります。

ただし、それが「あと22年しかない」と意識するのか、「さて、22年をどう楽しんでやるか」と意識するのかでは、その22年間に与える影響がまったく変わってきます。

経営学者のP・F・ドラッカーが説いた「コップの水理論」は、よくビジネス研修会などで取り上げられましたから、知っている人も多いでしょう。

グラスに半分の水が入っている状態を見て、「水が半分入っている」ととらえるか、「グラスの半分は空だ」ととらえるかという話です。

ドラッカーは、世の中の認識が「水が半分入っている」から「半分空だ」へと変わるときが、新たなニーズが生まれるビジネスチャンスだと言っていたのです。

まだ半分、水の入る余地があるという着目が、新たな発想につながるということです。

「あと22年しかない」と時間の少なさを意識したことによって、ストレスのもとである緊張感が生まれても、そのおかげで目標をクリアする達成感が得られるかも知れません。「まだ22年もある」と受け取ることで、あれもやりたいこれもやりたいと楽しいことをたくさん発想できて、充実感が得られるかも知れません。
受け取り方がいいか悪いかを考えるのではなくて、そのときどきで、自分の「うれしい」「楽しい」「気持ちいい」といったプラスの感情を大事にすればいいと思うのです。

さて、後半人生をどう楽しみながら生きるか。

20年前の自分を思い出しながら、「後半人生を楽しんで生きるための術」を、人生の折り返し地点にやってきた新人類オヤジに向けて書いてみたくなりました。メッセージや指南などという堅苦しいものではなくて、肩の力を抜いて自然体で生きるコツのようなものをただ書き連ねてみたかったのです。

いざ形にしてみたら、世代を超えて共感いただけるものになったのではないかと自負しております。

どうぞご一読ください。

50歳からの時間の使いかた　目次

50歳からの時間の使いかた　目次

第２章 50歳からの時間、自分の好きに生きてみる

第3章
60歳からの時間、新しい人生のスタート

第４章

上手に疲れをとる時間の使いかた

第５章 存分に人生を楽しむ時間の使いかた

第6章 この先の時間、自分で死にかたを選ぶ

第1章

ここからの時間、どう生きてやるか

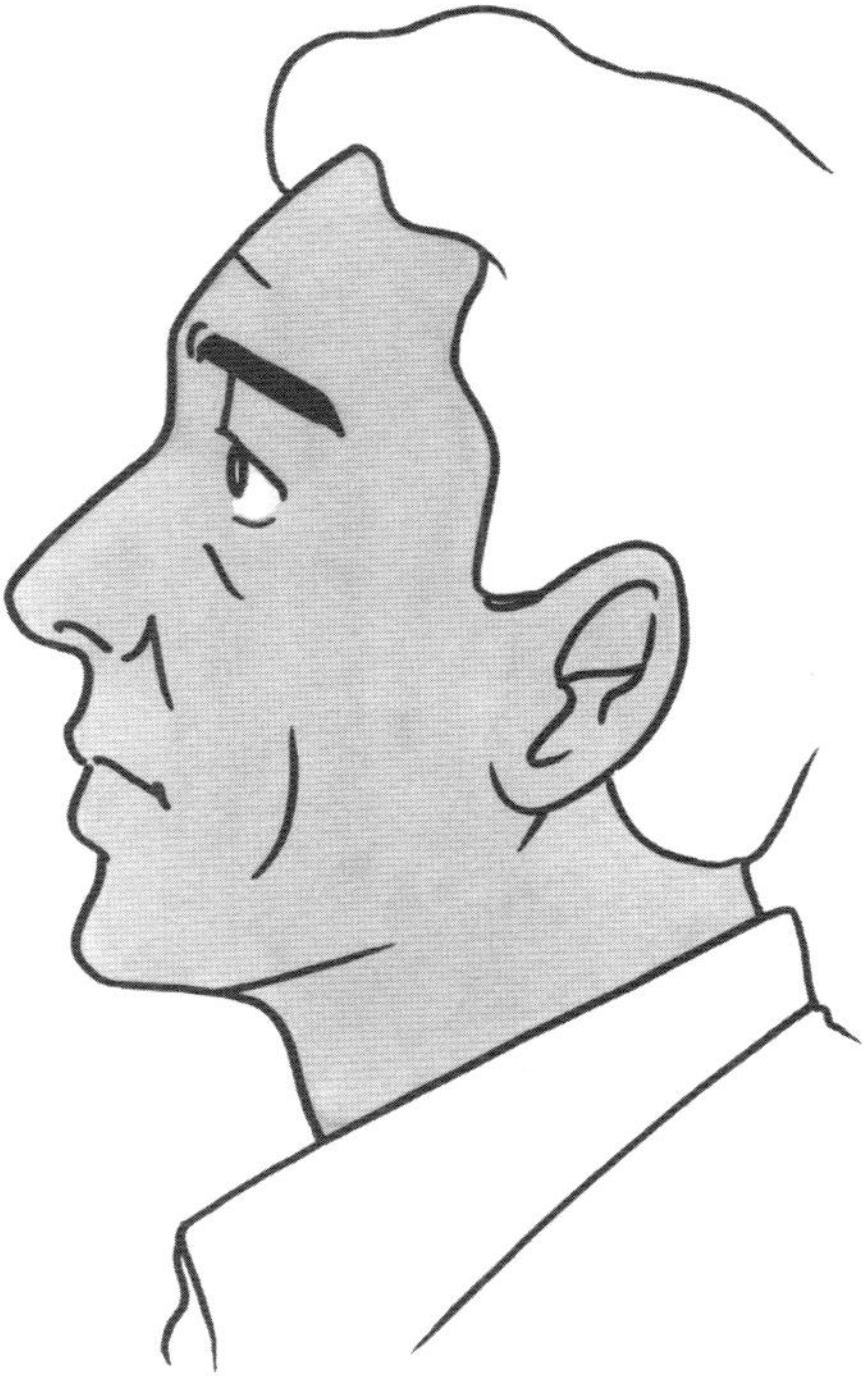

「定年前後の時間」どう過ごせばいい

厚生労働省が2018年4月に発表したデータによると、都道府県別の平均寿命は、男性でもっとも長寿なのが滋賀県で81・78歳、女性では長野県の87・67歳。男女ともに短命なのは青森県で男性78・67歳、女性85・93歳でした。

厚生労働省の統計には、3年ごとに発表する「健康寿命」というものもあります。健康寿命とは、「健康上の問題で日常生活が制限されることなく生活できる期間」を示すもので、2016年のデータでは、男性が72・14歳、女性が74・79歳となっています。

平均寿命も健康寿命も、その年0歳の人間が対象になっている数値ですから、50歳の人間にはそのまま当てはまりませんが、健康で動いていられる年齢を平均すると、概ね男性が72歳、女性が75歳と考えていいでしょう。

僕は今年のうちに71歳になりますから、国の平均で言うと健康でゴルフを楽しんでいられるのは、あと1年くらいということになるわけです。僕は、自分が健康で動いていられるのは70歳くらいまでだろうから、健康で動いていられるのはあと10年くらいのものだろうと、60歳の頃に本に書いています。

ところが、気がつけば70歳になり、目が疲れやすくなって仕事中に休憩をはさむことが多くはなったものの、そのほかにこれといった老化現象を痛感しないまま、毎日を過ごしています。

現代は、僕と同じように70歳を過ぎても仕事を続けている人が増えています。中には僕のように、定年がない仕事をそのまま続けている人もいるでしょうが、多くの同年代は60歳か65歳で定年を迎えますから、仕事を続けるにしても新しい環境で心機一転ということになるわけです。

企業は２０１４年から、60歳定年制度を廃止するか、65歳定年に変更するか、65

歳までの継続雇用をしなければいけないことになりました。国家公務員と地方公務員の定年はまだ60歳ですが、２０１８年から3年ごとに1歳ずつ延長して２０３３年に65歳定年となる見込みです。

この60歳から65歳を人生のひとつの区切りととらえて、よく「第二の人生」などと言います。僕は、『黄昏流星群』という中高年を主人公とする漫画の取材で、同年代の男女をたくさん取材してきました。自分の経験だけでなく、身の回りや取材で得られたデータを統合してもっとも印象的だったことは、この「第二の人生」と呼ばれる60代からの時間を楽しんでいるのは、圧倒的に女性のほうが多いということです。

これは、女性のほうが平均寿命が長いということよりも、生活環境がガラッと変わることに対応できない男性が多いからです。女性のほうが環境に適応しやすく、マルチタスクが得意だという脳の特性の違いも影響しているでしょう。

さすがに前世代に多かった、ほとんど何も考えないまま定年退職を迎え、毎日何もすることがないという例は少ないでしょうが、新たな仕事を始めたのはいいけど、環境になじめないで過剰なストレスを溜めてしまったり、物事の考え方や人間関係の在り方を変えることができずに孤立してしまったりという例が多いのです。

男性は、自分を変えることが苦手なんですね。

内閣府が65歳以上の「高齢者」を対象とした平成28年の統計では、「働けるうちはいつまでも働きたい」と望んでいる高齢者が約42パーセント、75歳くらいまでは働きたいと回答した高齢者が11・4パーセントに達し、70歳を過ぎても仕事を続けていたいと思っている人が半数を超えています。

男性の場合、55〜59歳で約90パーセント、60〜64歳で約77パーセント、65〜69歳で約53パーセントの人が仕事をしており、この数値は上昇し続けていますが、今のアラフィフ世代が高齢者となる10〜15年後には、さらに高くなっていることが容易に予想されます。

70歳までは働くことが常識となり、さらに70歳を過ぎても仕事を続けていたいと思う人が、ほとんどを占めるようになるのではないでしょうか。

でも、企業には長くても65歳までしかいられないとなれば、次の仕事をなんとかしなければいけない人が、今よりも増えるということです。何度か転職をしながらスキルアップをしてきたような人は、ひとつの区切りとして展望を持ちやすいでしょうが、同じ企業で定年まで一筋に働いてきた人は、厳しい現実と向かい合うことになります。

今も高齢者の再就職難はあります。その最大の原因は、自分が何をしたいのか明確になっていない人が多いことだと言われています。求職相談に行っても、自分はこれからこうしたい、こう生きたいというビジョンがないために、雇用に結びつかないのです。

働きたい高齢者がさらに増える10~15年後の状態を考えると、それなりのビジョンを持っていても、麻雀で言うところのプラス一翻《イーハン》がないと、仕事に就くのが難しくなるでしょう。

だからと言って、2年や3年で人間としての役作りをするのは至難の業。50歳からは後半人生と考えて、10〜15年後に使える役作りを考え出したほうがいいというのが、この本の主旨なのです。

アラフィフ世代は、まだ麻雀が流行していた時期に学生時代を過ごしているはずですから、この例えはわかりやすいと思います。人生を東南回しの麻雀対局に例えるならば、後半戦となる南場が始まるのが50歳。

南場に入ったら、南3局からオーラスへと流れる終盤戦を意識しながら対局を進めましょうよ、ということです。

まずはゆっくり振り返る

僕が早稲田大学を卒業して、松下電器産業（現パナソニック）に入社したのは、大阪で万国博覧会が開催された1970年のことです。

大学では漫画研究会に入っていましたが、プロの漫画家になるつもりはなく、サラリーマンとして生きていくつもりでした。

子どもの頃から絵を描くことが好きで、小学生になってからは手塚治虫先生の作品を中心として、漫画にどっぷりつかる毎日でした。しかし、中学生になると早くも漫画家になるという夢を封印してしまいました。妙に現実的なところがある子どもだったんですね。

松下電器では販売助成部に配属され、大企業の若手社員として3年半のサラリーマン生活を送りました。この3年半の経験は、みなさんご存知のように、『島耕作』

シリーズをはじめとした、のちの僕の漫画に大きな影響を与えます。組織の中で仕事をするということはどういうことなのか、世代が違う人たちとの人間関係はどうしたらいいのかといった、今では「ビジネスパーソン」などと呼ばれる企業人のみなさんが、誰でも経験する新人社員のカルチャーショックを僕も体験したのです。

当時の日本経済は、１９６０年代の高度経済成長が陰りを見せて、転換期を迎えつつありました。１９７１年の「ニクソンショック」を皮切りにして、為替相場が固定相場制から変動相場制へと移行、戦後から23年間続いた1ドル３６０円時代が終わります。１９７３年には、第４次中東戦争の影響による第１次オイルショックが起きて、日本が激しいインフレの嵐に包まれました。

漫画やアニメの分野では、１９７０年にちばてつやさんの『あしたのジョー』がテレビアニメになり、翌71年には石森章太郎さん原作の『仮面ライダー』が実写版となって大人気を博し、72年には永井豪さん原作のテレビアニメ『マジンガーZ』の放映が始まります。１９６６年に生まれた特撮のヒーロー「ウルトラマン」がテレビに復活した『帰ってきたウルトラマン』の放映が1971年です。

その時代の上司は、課長クラスが戦前の昭和ひとケタ生まれ、部長クラスになると大正生まれの人もいるという時代です。

軍隊経験者もいましたから、戦後に生まれた僕らとは受けた教育がまったく違いました。

「団塊世代」と呼ばれる僕らの世代は、体罰禁止や男女同席といった現代的な義務教育を受けた最初の世代です。体罰禁止とはうたっていても、実際には教師が戦前生まれの人たちですから、バンバン殴られました。

でも、戦前や戦中の教育のベースにあった、天皇を崇拝する国家神道や帝国主義が完全否定され、アメリカナイズされた民主主義教育によって、まったく思想も価値観も違う新しい世代になったのです。

僕らの世代は前世代とのギャップが大きすぎたので、成長する時代時代で、常識や体制に反発することの連続でした。僕は徒党を組むのが嫌いだったので参加しませんでしたが、大学では学生運動が盛んで「闘う若者」が社会問題となり、それまで多数を占めていた見合い結婚から、恋愛結婚が本来の姿であるとして、日本人の結婚観を変えました。

１９６０年代のファションも音楽も、アメリカのコピーです。初めてミニスカートが流行したのは僕が大学生になる頃ですし、ロックという音楽が流行ったのもその時代です。それまでは、流行に敏感な人たちが聴くのはジャズ、一般的な若者の間に流行るのはカントリーミュージックかハワイアンミュージックだったのです。

結婚すると、それまでは親と同居するのが当たり前でしたが、僕らの世代から、親とは別居して新たな住居を構える「核家族化」が始まります。

さて、そんな激動の時代を新しい価値観で生きてきた団塊世代が管理職となった１９８０年代後半に、さらに新しい価値観を持った世代が社会に登場しました。

１９６０年代に生まれて、ウルトラマンや仮面ライダーを見て育った彼らは、オタク世代などと呼ばれることになります。

生まれたときからどこの家庭にもテレビがあって、エンターテイメントに敏感な彼らは、それまで子どもの遊びとしかとらえられていなかったアニメ、漫画、特撮、ゲームといった分野を「文化」として確立させます。

中年になった団塊世代から見ると、自分たちとはまったく違うところにこだわりを持ち、ときには理解不能となる悩みのタネだったものですから、「新人類」と呼んだわけです。時代というのは面白いもので、その新人類が管理職になると、今度はまた、まったく違う感性を持った「ゆとり世代」に頭を抱えることになるのです。


これは、今70歳である僕が見てきた時代ですけど、今、アラフィフ世代であるみなさんが見てきたのは、どんな時代ですか？

アラフィフというターニングポイントに到着したら、最初にすることは、地図を見ながら今まで走ってきたコースを確認することです。自分が生まれたのはどんな時代で、最初の記憶は何か。幼稚園に行く頃にはどんなことがあったか。小学校に通うようになってからはどんなことがあったか。

自分年表を作るのもいいでしょうし、小説仕立てにしても面白いでしょう。

老化というのは成長のひとつ

僕は、50代も60代も、とくに身体にいいことを意識してやるということはありませんでした。元来が健康に気を使うタイプではないので、食事の栄養バランスや酒の量を気使うくらいのことしか、していません。時間が許せばゴルフをしてきましたけど、とくに毎日運動を続けたということもありませんでした。

幸運なことにこの歳まで、大病もせずに漫画を描き続けてこられたのは、親にもらったこの身体と、子どもの頃に戦後の粗食時代を過ごしたおかげで、好き嫌いなくなんでも美味しく食べる習性のおかげだと思っています。

仕事がら目は大事にしてきましたが、やはり70歳になると疲労が激しくなります。

筋肉は、緊張してギュッと収縮すると、血行が悪くなって硬くなります。そうなると、筋肉内の老廃物などが排出されなくなってしまうので、こったり痛みを感じたりするわけです。ストレッチで伸ばしたり、マッサージすることで固まった筋肉をほぐしてやれば血行がよくなって、老廃物なども排出されるというしくみになっています。

目の周囲には眼輪筋という筋肉があって、ただでさえ1日に2万回とも言われる「まばたき」で酷使されていると言います。そして眼球を動かしているのが外眼筋という筋肉。僕は身体の筋トレなどはしたことがありませんけど、この2つの目の周りの筋肉は意識してほぐすようにしてきました。

とは言っても、大したことをしていたわけではありません。目が疲れたなと感じたら、目玉をグルグル回す眼球運動をしたり、窓のところへ行って、遠くの樹々を見たら近くの看板を見るというフォーカストレーニングをしたり、温かい濡れタオルと冷たいタオルを交互に目にのせて血行を回復させたりする程度です。

仕事場では、毎日、僕とアシスタントたちが交代で食事を用意するので、タマネギを刻んでわざと涙を流すという荒治療もやるのですが、これがけっこう疲労回復に効くんですね。

50歳くらいから、そういう目をケアする間隔が、どんどん縮まってきます。1日1回でよかったものが、3時間に1回になり、2時間に1回になり、今は原稿を1枚描くともう目が乾燥してショボショボしてきます。

女性の間では、40代後半になったらエイジングケアが必要になると言われていています。エイジングケアというのは、肌のシワやたるみといった老化現象の進行を遅らせるケアですが、40代後半という年齢には科学的根拠があるのです。

皮膚の表面が再生するのに、20代であれば30日くらいかかると言いますが40代後半になると倍くらいの日数がかかるようになる。よく聞く「コラーゲン」という物質がありますよね。あれは、皮膚の内部で弾力を保っている繊維質で、40代後半になると体内で作られなくなってしまうんです。だからと言って、タンパク質だから食べても消化されてしまうし、塗っても皮膚には入っていかない。よく「コラーゲンたっぷりの鍋でお肌プルプル」なんて言っていますけど、あれはウソなんです。そんなに簡単にコラーゲンが増やせれば、世の女性はシワやたるみで悩むことはなくなるわけです。

視力や皮膚だけでなく、40代後半からは身体全体の老化が目立ってきます。50代を生きている人は、身体のあちこちが硬くなったり、疲労回復に時間がかかったりして老化を実感することも多いでしょう。

僕は、老化というのは成長のひとつの過程だと思っています。目が疲れやすくなってきたら、「うん、オレは正常に成長しているな」と考えます。身体の老化は生きていれば誰にでも訪れる現象ですから、逃れることはできません。エイジングケアで老化の進行を遅らせることは意味のあることだと思いますが、無理に抗ってもどこかに歪が出るものです。大事なことは、老化と闘うのではなく、自然現象である老化という現実を受け入れて、どう折り合いをつけていくかということだと思うのです。

健康寿命と平均寿命の境目にあるのは、身体が健康かどうかということではありません。たとえ病気を持っていたとしても、病気とうまく付き合って自立した生活を送ることができていれば、それは健康寿命に含まれるんです。

60代になってくると、健康上の問題をまったく抱えていないという人は少なくなってきます。血管だって皮膚と同じように老化してだんだん硬くなってきますから、血圧が高くなる人も増える。関節だってすり減ってくる。そのときに重視しなければいけないのは、「自立して生活を送り続けること」になってきます。自由に行動できるのも、身体が動くうちのこと。最後は動けるかどうかが問題になるのです。身体の状態は人それぞれ違いますし、生命にかかわるようなことだってありますから、身体に現れる変化を軽視すべきではないと思います。「痛い」も「かゆい」も、身体が異常を知らせるサインだからです。

実は僕もそういうところがあるのですけど、医者のところへ行って病気だと言われるのが嫌だから行かないという「医者ぎらい」の人がいます。自分の身体のことですから、どう判断しても自分の中で折り合いをつけていけばいいことです。

でも、介護を受ける立場になることをできるだけ回避するためには、自分の身体の状態を知っていたほうがいいわけです。そう考えると、定期的な診断や検査も、自立した生活を続けるためのエイジングケアだと言えるでしょうね。

自立した後半人生を送るために必要なこと

自立した後半人生を送るためには、社会性も必要です。

職場でうまくやっていく、家庭でうまくやっていく、住んでいる地域でうまくやっていく、というように、人間関係が存在するところでは必ず社会性が求められます。転職や引っ越しで環境が変わったときには、社会性が問われることになるでしょう。

「50歳にもなって社会性なんてことは、言われなくても当たり前のことだ」と思う人もいるでしょうが、環境が変わるとこれがけっこう難しい。とくに男性は、長い間に会社で染みついた人との接し方や話し方を、環境に応じて変えることが苦手ですから、「頑固オヤジ」への道を歩んだり、孤立してしまったりしがちなんです。

「孤立」と「自立」の違いは、そこに社会性が介在するかどうかということです。

孤独が好きで群れから離れていても、社会とつながっていれば問題ないわけです。僕は群れることが嫌いだったので、孤独を楽しむ生き方をしてきました。そう言うと、まるで『ドクターＸ』の大門未知子のようですが、社会性を持ちながらも孤独を好む人間は意外と多いのです。

高齢者のひとり暮らしが社会問題になっているのは、身体が動く間は、ひとりで気楽に暮らしたいと考える高齢者が増えたからです。人間関係のわずらわしさから逃れて自由に暮らしたいという考え方は、社会から逃避しているように思われがちですが、ひとりで暮らしているからといって、必ずしも孤立しているというわけではありません。

仕事を続けている人は職場で社会とつながっているでしょうし、仕事をしていなくても、昼間は気の合った友人たちと楽しい時間を過ごしたり、サークルなどに参加したりして社会とのつながりを持ちながらひとり暮らしを選択している人は、孤独を大事にしていても孤立してはいないのです。

夫に先立たれた女性が、自立して自由なひとり暮らしをエンジョイするケースは、昔から少なくありません。孤独を愛する高齢者が増えている今、ひとり暮らしをしていても社会とのつながりを保てるように、行政や地域で声掛けをするとか、家族が毎日1度は連絡をとるといった孤立対策がとられていますね。

でも、孤独を好む人は、今の高齢者よりも、むしろオタク世代のほうが多いのではないでしょうか

50歳まで1度も結婚をしたことがない人の割合を示す「生涯未婚率」という統計があって、5年ごとの国勢調査で発表されています。この20年、この生涯未婚率が急上昇しています。僕がアラフィフであった1995年には男性が8・99パーセント、女性が5・1パーセントだったものが、2015年には男性が23・37パーセント、女性が14・06パーセントと、2・5倍から3倍近くも増えているのです。

今や、4人にひとりの男性が、7人にひとりの女性が、50歳まで1度も結婚をしてないということです。18歳から34歳の未婚者で、「いずれ結婚をしたい」と考え

ている人の割合は、男女ともに90パーセント近いという調査結果もあるので、結婚はしたくてもできないまま50歳になったという見方ができるのですが、僕は、結婚をしなくても許されて、問題なく生活できる社会になったという点が大きな理由だと思っています。

50代の未婚者が増えているということは、近い将来、ひとり暮らしの高齢者が激増するということです。社会とは変貌するものですから、自立に必要な社会とのかかわり方も今とは変わっていくはずです。

社会が変貌していっても、その時代時代で、自立した生活を続けるために必要なもの。それが「自律」だと思うのです。

自律とは、自分にルールを課すことです。

言い方を変えれば、「自律の上に自立は成立する」ということになるでしょう。

病院に行かないのも、ひとり暮らしを続けるのも個人の自由。個人の尊厳を認めるのが民主主義社会です。しかし、その自由を主張するためには、責任がともなうわけです。それが、自分を律するということです。

個を尊重する社会には、ルールが必要です。国で言えば憲法や法律ということになるのですが、それを自分で自分に制定するようなものですね。人との接し方や生き方に、ひとつの筋を通すということでしょうか。

誰に対しても愛想よく振る舞って嫌われない人のことを「八方美人」と言いますが、八方美人になろうということではありません。八方美人的な生き方は、敵を作らない代わりに、人格を認められることもありません。

日本人はとくに争い事を嫌う傾向が強いので、言いたいことがあっても他人と対立したくないために、飲み込んでやり過ごすという人が多いのです。「空気を読む」という言い方をして、その場を穏便に済ませることを望みますね。

そうではなくて、言いたいことは言ったほうがいい、しかし、あえて負のエネルギーを発散させて無駄な波風を立てることもない。

社会性とは、そこら辺のさじ加減じゃないかと思うのです。

親にも子にも依存しない

50代という年齢は、親との関係や子どもとの関係が変わるときです。

親の介護が必要になったり、死別したりする一方で、子どもが独立して家を出て行く、結婚をするといった時期ですから、家族の在り方や関係で問題を抱える人も多くなります。

元ＮＨＫアナウンサーの下重暁子《しもじゅうあきこ》さんが、２０１５年に出版された『家族という病』は、「日本人は『家族』というしがらみにとらわれている」として、「呪縛をとくべきだ」と、ご自身の人生を振り返って書かれた本でした。

この本はベストセラーとなり、賛否両論を巻き起こしました。

下重さんが僕よりもほぼひと回り上の昭和11（１９３６）年生まれで、御年80歳になられて出版された本であることを考えると、「なるほどな」と思える内容で、大変勉強になりました。

下重さんが昭和20年の敗戦を迎えられたのは9歳のときで、その2年後に僕が生まれています。育った時代や受けた初等教育を考えると、下重さんの世代は、明治時代から昭和22年まで続いていた「家制度」や、明確な「男尊女卑社会」の中で生まれた世代で、「戦争を知っている子どもたち」であったわけです。親の世代は明治時代に生まれています。

今のアラフィフ世代にとっては、親がだいたいこの戦中生まれ世代になるでしょうから、おそらく僕ら団塊世代よりも身近に感じるのではないかと思います。親から、子どもの頃に学童疎開をした話や、軍人であった「おじいさん」や「お兄さん」の話を聞かされた人も多いことでしょう。

僕らが育った時代にも多分に家制度の影響は残っていて、夕食などは、必ず父親と男子が食べ終わってから、母親と女子が済ませるという家庭もありましたし、男と女ではおかずの内容が違って、父親はいつも1品か2品多いということは、よくあったのではないかと思います。お風呂も、男が済ませてから女がはいるといった家庭も少なくありませんでした。

学校で、PTAの集まりを「父兄会」と呼んでいたことからも、母親よりも兄のほうが社会的地位を持っていたことがわかりますね。「父兄会」は「父母会」となって、やがて「保護者会」へと名称を変えていきます。

僕らの世代は、そうした家制度や戦前戦中の習慣、しきたりなどに反発して、親との同居をやめたり、子どもに家業を継がせることを強制しなくなったわけですから、僕らの世代にとって、『家族という病』に書かれている多くのことは、身をもってぶつかりながら壊してきた「常識とされていた家族の姿」なんですね。

ところが、下重さんの世代の方々が、その壁を壊すのはとても大変なことだと思うんです。「夫のことを主人と呼ぶおかしな文化」は、戸主が家族を統率するという家制度の名残りですから、今の日本にはすでにないものなのですが、その時代に生まれ育った人にとっては簡単に壊せる概念ではないのです。

この育った時代の違い、いわゆる世代の違いを、僕は「なるほどな」と思ったのです。

今、夫婦に主従関係があると考えている人はいないでしょうし、親子の関係も、ともすればクールになりすぎて、もう少しお互いに踏み込んだほうがいいのではないだろうか、家族というつながりを見直すべきではないだろうか、という風潮さえあります。アラフィフ世代の人たちは、自分たちの時代から考えると、とてもクールな子どもの感性を実感している人も多いはずです。

今、夫婦の関係も親子の関係も、必要以上に立ち入らないクールな関係であることが、「常識」とされる時代です。「核家族」の正常な進化だと思います。

ところが、親や子どもに依存する関係を断ち切れないでいる家族は、意外と多い。一番よくないと思うのは、「自分は親の介護をして最後まで面倒を見たのだから、今度は子どもに自分の面倒を見てもらおう」と考える親です。そのために財産の生前分与をするケースもあります。

自分の老後を子どもに背負わせるべきではありません。子どもには子どもの人生があるわけですから、親は最後まで自立して生き抜くべきだ、僕はそう考えています。その代わり、子どもに財産を残す必要もなく。できれば死ぬときに、自分のおカネがちょうどなくなるように帳尻を合わせればいいでしょう。

もう20年も前になりますが、「パラサイトシングル」という言葉が流行しました。30代40代になっても実家で親と同居して、親に依存している独身者のことです。仕事もせずに引きこもっている例は別として、仕事をしていても、家賃や食費がかからないので趣味におカネをかける独身者が増えたのです。オタク世代にその傾向が強く、生涯未婚率が激増したのも、その延長ととらえることができます。

そして今、パラサイトシングルは、親の介護という事態に直面して、今まで依存してきたのだから自分が面倒を見なければいけないという思いから、介護離職をする人が増えているのです。

依存されてきたから自分も依存する、依存してきたのだから親の面倒は見る。こういう依存の連鎖はもうやめるべき。家族はもっとクールな関係で、お互いに自立して生きる時代なのです。

人が幸せになるのに必要な条件

50歳から始める準備も、実現可能な計画も、自立や自律も、なんのためにするのかと言えば、幸せな後半人生を送るためです。不幸になりたいという人はいませんから、これは万人の願いであるはずです。

人は誰でも幸せになりたいのです。

しかし、何を幸せと感じるかということは人によって違いますから、幸せの内容や幸せになる方法を定義付けすることは、本来できません。ところが、古代ギリシャから現代に至るまで、何人もの哲学者や思想家が、「幸せになる方法」を体系化することに挑んできました。

『幸福論』という著書は何冊もあるのですが、僕が「なるほどな」と思ったのは、1925年にフランス人のエミール・シャルティエという哲学者が出版した『幸福論』で、通称「アランの幸福論」と呼ばれるものです。

エミール・シャルティエという人は、徹底した楽観主義の人で、そこが僕と似ているからだと思います。根底に流れているのは、「現実の中で幸福になるためには、現実から目を背けずに、現実を生きるしかない」というリアリズムです。

未来はどんな幸福でも自由に描けるから、未来のことを考えると幸せな気分にはなれるけど、過去を振り返るのと同様、存在しない世界に思いを巡らせていることに変わりはない。幸福が得られるのは、今を生きることによってのみである。

何かに成功したときには、成功したからうれしいのではなくて、うれしいから成功したのだと考えるべき。結果が気持ちをもたらすのではなくて、気持ちが結果を変えるのだ。だから、どんなことにも喜びを見出せる人間に幸福は訪れる。

運命は自分で変えられるものではないのだから、悩んだり考えたりしても仕方がない。どんな結果も、最終的には自分にとってプラスになるのだという信念があれば、現実を受け入れることができて、それはよい運命となる。

不平や不満ばかり言っていても何も変わらない。不平不満は悪い天気のようなものだ。晴れてほしいと思っていても、口に出したところで天気がよくなるわけではないのだ。天気の悪い日こそ笑顔で過ごして、何事もないように振る舞ったほうがいい。人間は幸福だと笑顔になるものだが、笑顔になることで気分がよくなり、幸福になれるのである。

いくつかポイントをかいつまんでみると、こういうことになるのですけど、どうですか？　僕がいつも言っていることと近いと思いませんか？

僕が松下電器に入社した頃は、まだ松下幸之助さんが会長としてご健在で、何度かお話を聞く機会もありました。新入社員は、経営の神様と呼ばれた松下さんの哲学を叩き込まれます。毎朝、朝礼があって、社歌を歌い、「七精神」と言われる社訓を唱和するのですけど、最初は宗教がかっているような気がして嫌だったんですね。小さな声でボソボソ口に出していました。

ところが、3年経って退社する頃になると、毎朝大きな声で歌って唱和しているる自分がいました。「社会貢献が企業の使命」「利益を追求するのではなくて、社会貢献の報酬が結果として利益になる」という経営理念は、綺麗事を言っているように聞こえていたのですが、仕事をしてみると、その通りだということが実感できたのです。

人々を幸せにするものを作って売れば、よりよい社会を実現することができて、利益はあとからついてくるのだということがわかったんですね。この理念は、『島耕作』シリーズにも貫かれていますし、今も大切にしている教えです。

その松下幸之助さんも、「幸福とは何か」ということについて、思考を重ねた人間のひとりです。松下さんの教えの中に「幸福の3つの条件」というものがあります。まず、ひとつ目の条件は、「自分が幸せだと感じること」です。周りから幸せな人だと思われていても、その人が幸福とは限りません。まず自分自身が幸福だと感じていることが大前提になるのです。

次に、「世間の人々も、その幸せに賛意を表してくれていること」です。いくら自分が幸せだと感じることでも、他人に害を及ぼすようなことでは幸福とは言えません。社会に認められることでなければいけないのです。

最後のひとつは、ここが松下さんらしいところなのですが、「社会にプラスになり、周囲の人々に幸せをもたらすこと」です。自分が幸せだと感じていて、他人を害することなく、周囲の人々も幸せにできること、それが真の幸福だと言ったのです。

さて、「コップ半分の水」の話を思い出してください。

自分に起きた事柄を、「幸福」と感じられるか「不幸」と感じるかは、受け取り方ひとつだということがわかりますね。何を幸せと感じるかは人それぞれ違うのです。これは、言い方を変えれば「誰でも幸せになれる」ということなのです。

考え方ひとつで、人は幸福にも不幸にもなる。

だったら、幸せでいられる考え方をしたほうがいいと思いませんか？

後半人生を幸福なものにするために、思考の改革をしようじゃないかというのが、この本の主旨です。

「自分ではどうすることもできない、どのくらいあるのかもわからない限られた資産」＝「時間」を有効に使い切る術について話していきましょう。

第2章

50歳からの時間、自分の好きに生きてみる

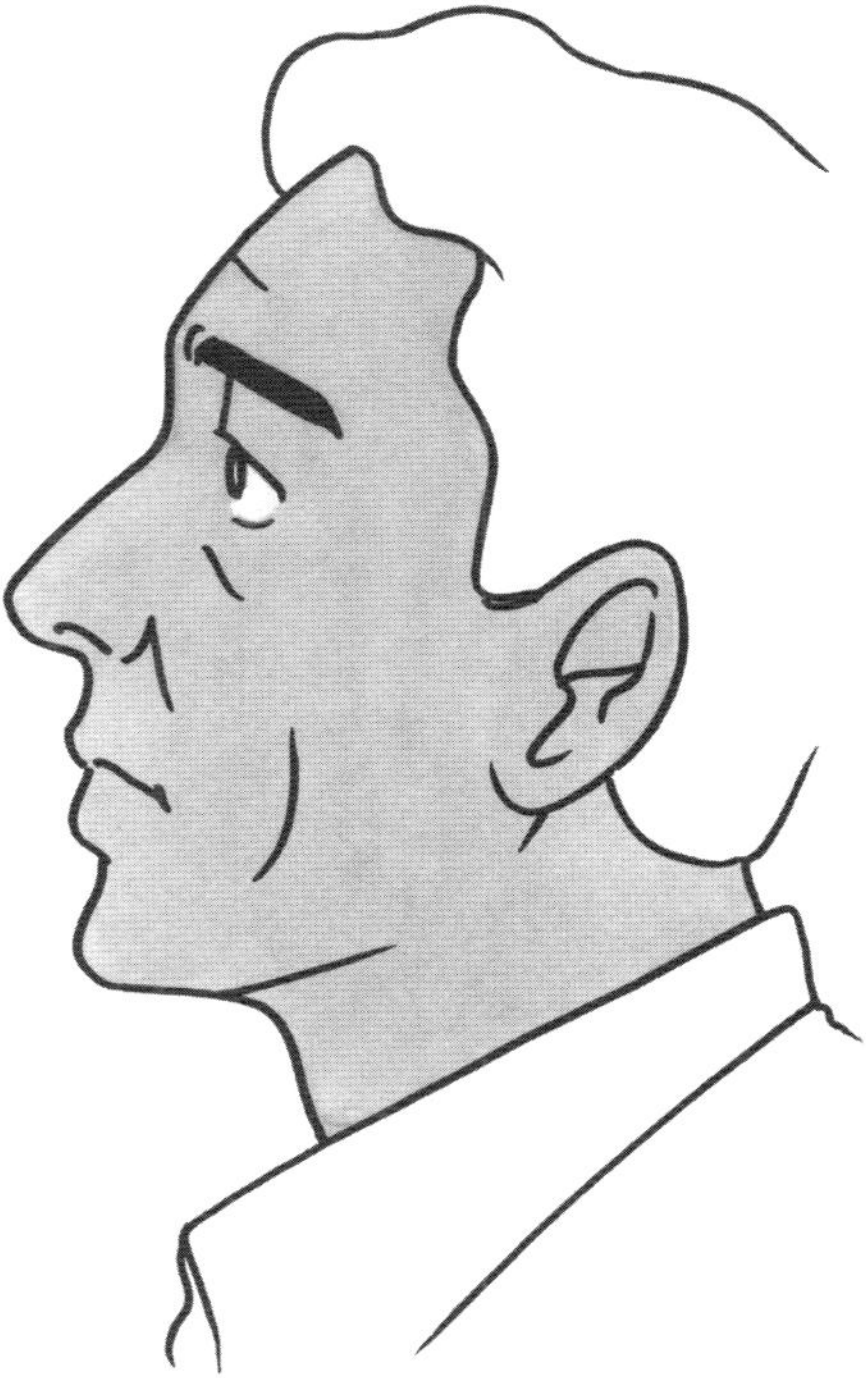

ストレスを溜めないちょっとしたコツ

50代は、何かとストレスの溜まることが多くなります。

会社の一員として仕事をしてきた人は、だいたい社内での自分の先行きも見えてくる頃ですから、無理をしてまで頑張ることもないな、と思うわけです。ところが、少し楽にやろうかと思っても、それなりの責任を負っている人が多いので、どうしてもストレスを抱えることになってしまいます。

上司、同僚、部下との人間関係、仕事にともなう期限やクオリティを守るという約束事、顧客や取引先との関係などで、矢面に立つ機会も増えます。

プライベートでは、子どもの学費や独立支援、親の世話や介護といった問題が出てくるのも50代です。

10年ほど前から、社員のメンタルヘルスを管理することは企業の責任とする考え方が提唱されてきて、２０１５年からは、50人以上の従業員がいる企業に年１回のストレスチェックが義務付けされました。

僕の時代はもちろんですが、今のアラフィフ世代が就職をした１９８０年あたりでも、まだ企業内で精神論や根性論がまかり通る時代でした。猛烈な上司に鍛えられたという人も多いことでしょう。「組織」という理不尽な世界で、毎日ストレスを溜めながら、仲間と飲んではガス抜きをして頑張ったという人がほとんどなのではないかと思います。

若いうちは、心も身体も柔軟ですから、それでストレスを解消していけます。みなさんも、そうして理不尽を乗り越えることでだんだんと打たれ強くなり、人間として成長してきたはずです。

しかし、50代になると状況が違います。仲間と飲んでも、そうそう弱音を吐くわけにもいかず、ちょっと飲みすぎると身体のダメージが大きくなるので、若い頃のように、その日のストレスをその日のうちに解消していくことが難しくなってきます。

ストレスとの付き合い方に、工夫が必要となってくるわけです。

ここで、そもそもストレスとはどういうものかということを、簡単に説明しておきましょう。

僕自身は、仕事で疲れることがあっても、好きなことをして疲れることにストレスを感じない人間なので、ストレスでつらい思いをしたという経験はないのですが、『島耕作』シリーズや『黄昏流星群』を描くときに、企業の実態や中高年のうつ病を取材する中で、ストレスの実態を知りました。

現代の脳科学は、ストレスを「五感で得た刺激に対する脳の反応」と解釈しています。「視覚」「聴覚」「嗅覚」「味覚」「触覚」という五感で受ける刺激の中に、「ストレッサー」と呼ばれるストレスの原因になる刺激があります。

何がストレッサーになるかは、その人の経験や体質、環境などで変わってきますが、脳で刺激を認知して、不快な思いや痛いというマイナスの感情が起こると、ストレス反応が生じるわけです。通常のストレス反応は、神経や筋肉、血管など全身の組織に伝達されても時間が経てば解消されます。しかし、それが過剰な場合はいろいろな病気を引き起こす要因になるのです。

一方で、快感をともなうプラスの刺激もあります。プラスの刺激は、食欲、性欲、睡眠欲、行動欲といった欲求や、達成感、充実感などを得ようとする行動で得られます。プラスの刺激は自分から積極的に得られるもので、マイナスの刺激は自分の意思とは関係なく受ける、受動的なものだという特徴があります。

だから、生きている以上、マイナスの刺激によるストレス反応をなくすことはできないわけで、「ストレスを解消（消す）」という言い方は、実は間違いなのです。

重要なのは、意思とは関係なく受けてしまうマイナスの刺激を軽減する方法です。

その唯一の方法が、プラスの刺激を得ることなんですね。

ストレスのもとであるマイナスの刺激は強い感情を生むので、忘れようとしても忘れられるものではありません。ところが、人間の脳は1度に複数のことを考えたり、複数の感情を整理するのが苦手なんです。心地よい刺激を受けることで、マイナスの刺激を一瞬忘れるんです。一瞬でも、そのマイナスの感情から離れることができたらしめたもので、あとはプラスの感情を増幅させていけばいいわけです。

日々、人間を悩ませているストレスの正体とは、だいたいこのようなものなのですが、健康的なストレスとの付き合い方を簡単に言うと、「ストレスを軽減するためには、気持ちよいことや楽しいことをすればいい」ということなのです。

こういう言い方をすると、「そんなこと、当たり前の話じゃないの」と思うかも知れません。でも、その当たり前のことがなかなかできないのが人間というもの。これからは、意識して、積極的にプラスの刺激を脳に与えてください。

いつも自分に都合よく出来事を受け取って、何事もプラスに解釈する人間は、ストレスを溜めないので、脳も身体も老化を遅らせることができます。それが他人に害を及ぼすような生き方でなければ、自分の中でなんでもプラスに解釈することは、若さを保つ秘訣でもあるのです。

心の不安を払拭する方法

ストレスの話をしたところで、もうひとつ取材で実態を知ったメンタルケアの話をしましょう。

最近は男性にも更年期障害があるという認識が一般的になりました。ホルモンのバランスが変わる40代後半から50代にかけて、憂うつ感や不安感に苛まれ、うつ病へと悪化する人が増えています。

「先々のことを考えると不安で仕方がない」

「今の仕事を続けることに不安がある」

そういった悩みを抱えているアラフィフ世代は多いはずです。とくに人間関係における不安や恐怖感が、日常生活に支障をきたすようになる「社会不安障害」が増えていると言います。

また、そもそもの話になりますけど、そもそも「不安」という感情は何が原因で湧き起こるのでしょう。

それは、「こうありたい」とか「こうなりたい」という願望が叶わないことに対する心配です。もっとも多いのは、理想像に届かない自分に対する不安だと言われています。心配性と言われるレベルであればそう問題にはならないでしょうが、常に不安が頭から離れなくなると、マイナスの感情がどんどん大きくなって過剰なストレスを抱えることになるのです。

不安になるということは、願望や理想のハードルが高すぎるということです。目標が現実的ではなくて、自分にとって無理があるということを知らせる、脳からのサインなんです。

だから、不安をなくすためには、願望や理想のハードルを下げて、実現可能な目標であることを自分で認知すればいいわけです。ここで気をつけなければいけないのは、願望を放棄してしまってはいけないということ。

不安の原因になっている願望がわかったところで、「自分には無理だ」「なかったことにしよう」などと、願望そのものを遠ざけようとしても、１度描いた願望は忘れることができないので、不安から逃れることはなかなかできません。

大事なのは、不安から逃げるのでなくて、受け入れてしまうことです。無理であることがわかった願望であっても、消そうとするのではなくて、方法を変えて願望を叶える、言い方を変えれば「実現可能なものとする」方法を考えてみるのです。

理想像を放棄するのではなくて、修正するのです。最終的な到達地点を変更しなくても、目標を小分けにすることで実現できるかも知れないし、時間をかければ到達できるかも知れません。ちょっと休んでから再出発してもいいわけです。

目的とするゴールにどうしても無理があるのだったら、変えればいい。10代の頃に人生の目標を立てているのとは違うのですから、自分にできないことはしっかり受け入れて、できることを少しでも多くやったほうがいい。50歳にもなれば、「自分にできないこと」と「自分にできること」は判断できるはずです。

不安を払拭する上でもうひとつ大事なのは、「なんのための願望か？」ということをはっきりさせることです。「安心して暮らすため」「収入を安定させるため」など、願望や理想の目的をあげたら、今度は「なんのために収入を安定させたいのか」というように「なんのために」という理由を追究していくと、最後はだいたい「幸せになりたいから」という願望に行き着くと言われます。

幸せになりたいのに、なれないことが不安の原因なのであれば、考え方を変えて幸せへのアプローチを見直せばいいのです。「どうやって」幸せになるかということは、みな方法が違って当たり前なのですから、あまり重要なことではありません。

大事なのは、「なんのために」という理由なんです。

自分にできないことを受け入れて、「なんのために」という目的がはっきりすれば、あとは少しずつでも目標に近づいて行けばいいわけです。小さな達成感を重ねると、

「不安」というマイナスの感情は払拭されていきます。

「若い人」とはどう接すればよいか

みなさん「部下に気持ちよく仕事をしてもらうにはどうすればいいのか」を悩んでいます。若い頃、こんな言い方はしませんでしたよね。

「気持ちよく」は、まあいいとしても、みなさんが若かった頃は、「部下に気持ちよく仕事をさせるコツ」だったはずです。

冒頭でも少し話しましたけど、40代から50代にかけては、部下の扱い方で悩んでいる人がとても多いんですね。なぜかと言えば、20年経つと時代が変わるからです。

僕らの団塊世代から、みなさんの新人類、オタク世代へと変わるのに20年、それから平成生まれのゆとり世代へと変わるのに、また20年経っています。

ジェネレーションギャップというものは、いつの時代にもあるものですけど、とくにこの3世代は時代を象徴する存在ですから、傾向の違いがはっきりしています。

僕らが新入社員だった頃、上司が若い部下を扱うコツは、「部下をいかに効率よく使うか」ということでした。今のアラフィフ世代が新入社員だった時代には、「褒めて伸ばす」社員教育が一般的だったはずです。その人間の悪いところを指摘したり直したりするよりも、よいところを褒めて伸ばすべきだという考え方です。

数年前から、ジェネレーションが違う部下とうまく接するコツは、「人格を否定しない会話」と、「人間を変えようとしない」ことが第一で、やってほしいことは明確にわかりやすく伝えなければいけないと言われています。

褒めても反応が弱いので持ち上げることもできず、かと言って正面から叱れば、会社を簡単に辞めてしまうというのでは、接し方で悩むのも無理はありません。「気持ちよく仕事をしてもらう」という言い方には、ジェネレーションを超えた関係の難しさがよく表れています。

今や、部下には仕事を「させる」のではなく、してもらわなければいけないのです。しかも気持ちよく。この考え方は、一見、新入社員に辞められたら困るので、ただ若者を甘やかしているように聞こえますけど、時代的な背景を考えると、実は的を射ていることがわかります。

今のアラフィフ世代は、僕らが若手社員であった高度経済成長期に生まれて、若手社員の頃にバブルも経験し、「世渡り」というものを身につけたはずです。終身雇用や年功序列がまだ残っている時代ですから、組織の中でどう這い上がり、高収入を得て豊かな生活をするかということを考えたのです。

そのためには、いちいち言われなくても自分に求められていることを察知して、上司から言われる前に行動する、そして結果を出す、という術を身につけようと頑張ったわけです。

ところが、平成生まれの世代は、生まれたのがバブル崩壊後ですから、好景気で国中が浮かれているという状況を知りません。そして、高度経済成長期やバブル期の話を聞いても、そんな経済成長はもはや日本には期待できないものと考えていますから、出世や高収入という目標を持つことができないんですね。収入を上げたかったら、昇給には期待できないから転職しかないと考えているわけです。

だから、就職して会社という組織に属しても、常に現実的かつ合理的な思考をします。言われもしないことをやって失敗するのだったら、やらないほうがマイナス評価を受けることもないのでいいと考えるのです。失敗を極度に恐れる傾向があるのは、育つ過程で失敗や挫折を経験してこなかったことに原因があります。徒競走をしても順位をつけないわけですから、１番になってもあまり意味がないし、できれば競争などしたくないと思うようになるのです。１番になろうと頑張らないので、挫折もしません。日本人は元来、競争を嫌って穏便に済ませる傾向があるのに、そこを強調するような教育をしたわけです。

でも、今の若手社員は、ヤル気がないわけではありませんし、仕事ができないわけでもないのです。自分が傷つくのを避けて、現実的に物事を判断しているだけです。もし失敗しても自分が傷つかないように、「ダメだとは思っていた」「できるとは思っていなかった」などと自分をケアしますから、なかなか自信も持てません。

こういう部下とうまく接するためには、上から強制したり、人間性を変える教育をしようとしてもダメです。最終的な目標は、自分が必要とされていることを自覚してもらい、自信を持ってもらうこと。そのためには、失敗と挫折を経験してもらわないとダメなのです。

だから、仕事をふるときには、彼らが自分に言い訳をしなくて済むように、これは会社にとってこういう意味があることで、君にできることだから頼むのだということをしっかり伝えて、まず行動する気になってもらうのです。

そうして、その仕事の成果を感じさせてあげることと、何度か失敗もしてもらうことが重要なのです。場合によっては、結果が見えている状況で失敗してもらいます。もちろん、そのときは上司としてのフォローが必要です。人生には失敗がつきもので、そこから人は学ぶのだということを感じてもらえれば、少しずつ自信をつけていくことでしょう。

部下から見た「嫌な上司」にならないことも大事です。

失敗は自分の責任とし、成功は部下の手柄にしてやるのが、いつの時代も尊敬される上司の基本。『島耕作』シリーズにも、そんな上司は登場しますが、伸ばすべきは自分の評価より、部下の自信です。

でも、若者に迎合するのはカッコ悪い。最近は、上司と酒を飲みたいと思っている若者はあまりいませんから酒席も少ないでしょうが、若者の酒席に入っていくのは考えものです。年に1回か2回、タイミングを選んで特別な機会を作るか、「あまり飲みすぎるなよ！」とカンパを渡してやるのが接しやすい上司の姿だと思います。

コミュニケーションのとり方というものは時代によって変わるものですから、どういう接し方をすれば、人格を否定せずに自信を持ってもらえるかは、今、現場にいるみなさんが一番よくわかっていることだと思います。

言葉ひとつに気をつけなければいけない、ボディタッチなど論外、という今のハラスメント社会で部下とのコミュニケーションを確立させる最良の方法は、共通言語を見つけることであることは間違いないでしょう。

年をとっても働ける仕事は50代で探す

さて、50歳になったら、定年まであと15年。

それから80歳まで生きたとして、さらに15年。

高齢になってからの15年という時間は、僕自身振り返ってみると、案外短いもので、ついこの間のような気もします。

僕が自分を幸せだと思えることのひとつに、70歳まで漫画家という仕事を続けてこられたことがあります。

内閣府が発表した平成29年の『高齢社会白書』によると、男性の場合、65〜69歳で労働に携わっている人の割合は53パーセント、70歳以上は32・5パーセント、75歳以上は13・3パーセントとなっています。

そして、収入をともなう仕事を何歳までしたいかという質問に対し、42パーセントが「働けるうちはいつまでも」と答え、11・4パーセントが75歳くらいまで、21・9パーセントが70歳くらいまでと答えています。

一方、希望者全員が65歳まで働ける、従業員31人以上の企業は74パーセントまで増えています。65歳までは、多くの人が会社で働き続けることができるようになっているわけです。雇用形態は、自社の正社員以外が約70パーセントです。

しかし、問題はそのあと、65歳からの仕事をどうするかということになるわけです。いつまでも働きたいと思う高齢者の割合は増え続けており、10〜15年後にはおそらく6割から7割くらいになっているのではないかと思います。

団塊世代よりも平均的な貯蓄額は減るでしょうし、年金の支給額も減ることが予想されますから、生きている間は働かざるを得ないという人も増えるはずです。でも、経済的に困っていなくても働いていたいという人が実際には多いのはなぜでしょうか。

ひと昔前までは、定年後はリタイアして趣味の世界に生きるとか、隠居生活を楽しむという生き方が理想とされていたのに、なぜ今の高齢者はそんなに働きたがるのでしょう。おそらくそれは、自分の存在価値を感じたいからだと思います。達成感や充実感を得たいからです。

その達成感や充実感をもたらしてくれる、手っ取り早くて間違いのない方法が「仕事」なのです。キツイ仕事のあとに流し込む冷えたビールが最高だということを知らない人は少ないでしょう。

身体を動かして健康によく、達成感や充実感が得られてストレス解消になり、収入も得られて、社会のためにもなる。こんな一石四鳥にもなる素晴らしい行為はないということですね。

それでは、65歳からはどうしたらいいか。

それを50代のうちに考えましょうよ、というのが僕の提案なんです。

「男と女の時間」こう変わる

50代になって、子どもや親との関係の在り方が変わってくると、妻との関係も変わってきます。

定年退職した日に離婚届けを突きつけられた男性の話はよく聞きますが、実は離婚の件数自体は、2002年がピークでその後は減少しています。若い層の離婚が減少しているのに対して、2000年代に急増した中高年層の離婚は横ばいを続けており、中でも1960年代後半から1970年代前半に生まれた世代の離婚率が高いのです。

団塊世代で話題になった熟年離婚は、今のアラフィフ世代でさらに件数が増えているということです。この流れでいくと、10〜15年後には、定年離婚も多くなることが予想されます。

離婚の理由は、1980年代や1990年代に多かった「異性問題」が減少して、「性格が合わない」が圧倒的に増えています。この理由は、いろいろな問題が重なっている場合に、「一言で表すのなら」というケースや、相手を傷つけないために差し障りのない理由を選んだというケースなども含まれるはずですが、共通するのは、「ずっと相手の嫌なところを我慢していたんだけど、もう我慢できない」という状態に至ったということでしょう。

そもそも結婚生活というものは、いろいろな我慢がなければ成り立たないものですけど、お互いに我慢を続けてきて、もうこれはどうしようもないということで、2人で納得して離婚することを「円満離婚」と言うのです。

これは、傍からどうこう言う問題ではありません。

問題なのは、一方が我慢を続けてきて、もう一方がその状況に気づいていなかった場合です。典型的なのは、夫が妻の苦労や我慢に気づいておらず、ある日突然に離婚を切り出されるケースです。我慢を続けてきた妻にとって、子どもが独立して夫婦2人の生活に戻ったときが最適のタイミングとなるのです。

みなさんは、配偶者の苦労や頑張りを理解していますか？

この本の主旨である「時間術」という観点から言うならば、夫婦はそれぞれ別の時間術で生きている他人。血のつながりのない他人が、一緒に生活をしようということになったわけですから、作業の分担やルールがあって当然で、お互いの我慢を認めなければうまくいかない。この基本的なことを理解していない夫は、妻の気持ちに気づくことができないので、「突然、離婚を切り出された」ということになります。

結婚してからは、同じ時間を生きていると勘違いしてしまうんですね。

たとえば、結婚してから20年が経つ夫婦がいたとすれば、夫と妻には別の20年という時間が流れてきたのです。お互いに別の仕事を持っている場合と、商店を営んでいるような場合では、一緒に過ごした時間に差があるでしょうが、同じ空間にいたとしても、２人の男女が見て感じてきたことは違って当然です。

50代になって妻を労わることができない夫は、定年離婚や熟年離婚を覚悟していたほうがいいでしょうね。夫婦が別の時間を生きていることを理解していない夫は、労わり方もわかっていません。よくいるのが、旅行や趣味の時間に妻を同行させたがる「鈍感寂しがり屋タイプ」です。


男性と女性は、脳の構造の違いから、有効なストレス解消の方法にも違いがあると言われています。右脳と左脳をつないでいる脳梁という神経の束が、女性のほうが太いのです。これはどういうことかと言うと、女性のほうが右脳と左脳を連動させやすいので、複数のことを同時に考えるマルチタスクや、社交性に長けているということなのです。

だから、男性がひとつのことに没頭したり、内向することによってストレスを解消しやすいのに対して、女性は外に向けて発散すること、おしゃれをしてショッピングに出かけることや、ワイワイガヤガヤの井戸端会議などが、ストレス発散の有効な手段になるのです。

こういう男女の違いを理解していれば、妻を労わりたかったら、一緒に旅行に行こうというのではなく、仲のいい友達と楽しんでもらったほうが有効であることがわかります。自由な時間を楽しめるようにしてあげることが、一番の労いなのです。だから「いい夫」になりたかったら、「連休は友達と温泉でも行ってくれば？」と、お小遣いを渡してあげたほうがいい。そしてその間、自分は気がねなく趣味に没頭すればいいのです。

50代でお互いに労う関係を作り、熟年夫婦になったら、お互いの時間を尊重しながら生きるのもいいでしょうし、1度も結婚をしなかった人が、熟年になって時間を共有したいと思える相手と出会ったら、夫婦という形態にとらわれず、楽な距離感で生きればいいと思います。

料理ができる人間はやっぱり生き残る

50代でやっておいたほうがいいことのひとつに、「料理」があります。

僕は今まで、事あるごとに「男子厨房に入るべし」ということを言ってきて、昨年は、『弘兼流　60歳からの楽々男メシ』という本を書きました。この本は、プロダクションで毎日アシスタントたちと交代で作っている「まかない飯」を紹介したものです。

僕のもっとも普通な1日というのはこうです。まず午前中にファミレスへ行って漫画のネーム作りをします。ストーリーの組み立てや、登場人物の設定を練るのです。

昼前後にファミレスを出て、近所のスーパーで食材の買い物をしてから、プロダクションに戻ります。そして夕方になると、料理をしてアシスタントたちと食事を済ませてから、もうひと仕事という感じです。

若い頃にアシスタントを雇い出したときには出前が多かったのですが、結局いくつかのローテーションを繰り返すことになるし、店屋物だけだと野菜が不足しがちで身体にもよくないということを実感し、自分たちで作るようになったのです。だいたい僕がメニューを決めて買い物をし、アシスタントが料理する日もあれこれ指示を出します。


50代から60代へと年齢を重ねるにつれて、食事の内容に気を使うようになる人が増えてきます。高血圧、高脂血症、糖尿病などの生活習慣病を発症して、医師から食事内容の指導を受けたり、発症はしていなくても、予防として栄養のバランスを考えるようになる人が多いですよね。

昼は外食、夜と朝は妻に任せっきりという食生活を送っている人は、生活習慣病を妻のせいにする傾向がありますが、これは自立できていない証拠。自分の身体のことも、食べる物も、最終的には自分で管理するしかありません。朝と夜の食事を作ってもらっているとしても、24時間一緒にいるわけではありませんから、妻に身体を管理してもらうことはできないのです。病院のナースではないのですから。

生涯未婚率が増えているアラフィフ世代、ひとり暮らしをしている人は栄養に気を使っているでしょうが、親と同居している人は注意が必要です。子どもの頃のまま、栄養管理も親に頼りっぱなしというのでは、親が死んだときに困ってしまいます。

これは、栄養管理を妻に任せっきりの夫が、妻に先立たれたケースと同じです。ひとりになったときに栄養管理ができないと、寿命を縮めることになります。夫に先立たれた妻が、自由になって余生を楽しむのとは裏腹に、ひとりになって料理もろくにできず、栄養失調で死期を早める夫が多いのです。

先立たれはしなくても、ある日突然、妻が倒れて、妻の食事のことも考えなければいけなくなる可能性だってあります。

だから、50代のうちに自分の栄養管理をする方法として、料理を楽しむことをすすめているのです。もともと料理が好きな人でも、たまに気が向いたときに好きなものを作るのと、毎日の食生活を考えるのとでは、ずいぶん内容が違ってきます。最初は週に1回から始めて、面白くなってきたら1週間作り続けてみると、また別の料理の面白さが見えてくるはずです。

先の『弘兼流　60歳からの楽々男メシ』は、料理をしたことがない人を対象にして、包丁の使い方から始め、最後はイタリアンのコース料理まで、楽しみながら作れるようになるという内容です。

その本でも紹介しているのですが、料理好きな人でも、料理をこれから始めてみようという人でも、簡単に楽しめる食材をひとつだけ教えましょう。

それは「大根」。インスタントラーメンしか作ったことがないという人でも、大根1本の料理で、たっぷりとプラスの刺激を脳に与えることができます。

まず、スーパーや八百屋に行って、葉っぱがついている大根を1本買ってきます。茎と葉っぱの部分は、1センチくらいの長さにザク切りして、フライパンにゴマ油を引いたらよく炒めて、和風つゆ（出汁醤油）をザッとかけ、味を染み込ませたら皿に移して白ゴマを振り、1品目の「大根の葉の炒めもの」が出来上がり。

大根は、茎がついていた丸い部分だけ落とし、5～6センチの幅で4つほどに切り分けたら、ひとつずつ厚めに皮をむきます。輪切りの部分をよく見ると、色が変わっているところがあるので、そのあたりから皮をむきます。

むいた皮はすべて、5ミリ幅くらいの細切りにしてビニール袋に入れ、そこに昆布出汁の顆粒と塩、もしくは塩昆布を入れ、さらに輪切りの唐辛子を入れたら、よく振ってから揉み込んで15分ほど置く。これで2品目の「大根の皮の漬物」の完成。

輪切りの大根ひとつは、半分の厚さに切り分けて、たっぷりのバターで焼き目をつけながらよく炒めて、最後に出汁醤油をかけ、3品目の「大根ステーキ」の完成。

残りの輪切りは味噌汁にします。出汁は、粉末のパックになっているものが便利で美味い。出汁のパッケージに書いてある要領で出汁を作ったら、いちょう切りか拍子木切りにした大根を入れて15分間煮ます。豚肉やほかの野菜を加えてもOK。具が煮えたら規定量の味噌を溶き、豆腐や油揚げを加えてひと煮たちさせたら、4品目の味噌汁が完成。

これに、発芽米や玄米のご飯などが加われば、健康的なつまみと食事ができます。焼いた魚の切り身でもあったら、大根おろしを添えるといいでしょう。この大根づくしは本当に美味しいので、チャレンジしてみてください。大根の皮の漬物は、ほんのり皮の香りが残っていて、店では買えない美味しさがあります。

僕は、『弘兼流　60歳からの楽々男メシ』でも、調味料の分量などは細かく書かなかったのですが、塩や出汁の分量などは1回2回失敗してもいいんです。そうやって自分の好みの味を作っていくのが楽しいわけですから。

大根1本でもこれだけいろいろと楽しめます。スーパーに並んでいる色とりどりの野菜、肉、魚を自由に選んで、自分好みの味にすることを考えるとワクワクしませんか。さらに塩、味噌、出汁、醤油などを変えてみると、料理の楽しみは無限大に広がっていきます。

家族の介護「絶対やってはいけないこと」

昨年、ある雑誌の対談記事で、タレントのＹＯＵさんが親の介護について語ったことが話題になりました。ＹＯＵさんが、80歳を超えるご両親に、介護が必要になったら「私は看られないから、どこか施設に入ってもらうよと話してあるんです」という部分が、「ドライすぎる」「賛同する」という賛否両論を呼んだのです。

彼女は、前置きとして「幸せなまま放っておけるのならいいけど、なかなかそうはいかない」と語っているのですが、最期まで自宅で過ごしたいと希望する両親の願いは叶えてあげたいけど、介護が必要になるとそうも言っていられなくなるのが現実です。ＹＯＵさんの言葉は、現実をしっかり見据えていて、自分のためにも親のためにも最良の判断だと思います。

自分で親の介護をしたいと思う人は、少なくないでしょう。「親の介護をしなければいけない」と思っているのであれば、それは親の存在が精神的な負担になっている証拠ですが、「他人に任せず自分で介護したい」という言葉には覚悟が表れていて、とても前向きなイメージがあります。

ところが、介護の現場は、その道のプロでも苦労する非情な厳しさがあります。介護の内容にもよるでしょうけど、いくらヤル気があっても素人には限界がありま す。

プロの助言を得ながら介護を続けていても、介護はマイナスの刺激の連続であって、達成感や充実感が得にくい行為ですから、どうしてもストレスを溜めてしまいます。やはり、基本的にはプロの介護士に主導権を持ってもらい、手伝える範囲のことをするというスタンスが一番いいのではないかと思います。

もっともいけないのは、仕事との両立ができないからと仕事を辞めてしまう「介護離職」と、子どもの教育資金や夫婦の老後資金をつぎ込んでしまうことです。

仕事を辞めて介護専業になると、自宅に引きこもることになりますから、社会性を失い収入も途絶えます。親が生きている間は、親の年金でなんとかなっていたとしても、親が死んだら無職で社会から孤立した自分が残るだけです。

施設に入るとしても、親がその資金を用意していれば問題ありませんが、その資金を自分で用意するということになると、家庭に大きな影を落とすことになります。

親の介護は大事なことではあっても、そのせいで自分たち夫婦、そして子どもの人生が犠牲になることだけは避けなければいけません。

自分が介護される立場になったときのことは第6章で取り上げますが、理想的な終章は、いよいよ自分が施設に入るなり、訪問介護を頼むなりの経済力を残しておいて、子どもには一切迷惑をかけないことです。しかし、介護離職をしてしまうと、その資金を作ることも難しくなるのです。今、介護離職をする人は年間10万人を上回っており、国も企業も介護離職を防ぐ策を立てているところです。

親の介護が必要になったときに検討する方策は2つ。

ひとつは、YOUさんのように施設を利用することです。親が自分たちの状態と資金に見合った施設を選ぶことが一番いい方法。親にその資金がないという場合、24時間の介護が受けられる特別養護老人ホームは、初期費用がなくて毎月の費用は5～15万円ほどなので、親の年金でほぼ支払いが可能です。ただし、入居は原則として要介護3～5の人に限られます。

特別養護老人ホームは、入居待ちの人数がこの3～4年くらいでずいぶんと減少し、開所して間もない施設や、従業員が不足している施設では空床が目立っているので、今後はさらに入居しやすくなるものと思われます。

もうひとつの方策は、介護保険の在宅サービスをフルに活用して、足りないところをケアする在宅介護です。要介護3であれば、週3回の訪問介護と週1回の訪問看護、週3回のデイサービス、毎日の夜間巡回型訪問介護、2カ月に1週間の短期入所、ベッド、車イス、簡易トイレなど福祉用具のレンタルなどが受けられます。

企業は、介護休職や介護休暇、短時間勤務制度などを設けるようになっているので、こうした制度を活用しながら、なんとか介護離職を回避する方法を考えるべきです。

介護される親は、子どもや孫の人生を犠牲にしたくはないのですから。

第3章

60歳からの時間、新しい人生のスタート

60歳からは「聞き上手」になる

例の、「子曰《のたま》わく」で始まる『論語』の一節です。


孔子は言った。

私は15歳で学業を志して、30歳のときに自立した。

40歳になると心に迷いがなくなり、50歳になって自分の天命を理解した。

60歳になると何事も素直に耳を傾けて理解できるようになり、70歳になると自分のしたいと思うことをそのままやっても、人の道を踏み外すことがなくなった。


これは、紀元前6世紀の聖人が言ったとされる話なので、現代の一般人に当てはめるのは少々無理がありますが、ひとつの理想としてよく取り上げられるわけです。

50歳になって天命を理解したというのは、自分に与えられた使命を知るということですから、人にはそれぞれ違う使命があるという現実を受け入れて、自分の進むべき道を理解したということでしょう。

そして60歳になって、なんでも素直に耳を傾けて理解できるようになったというのは、今風に言えば「聞き上手」になれたということだと、僕は思うのです。

60代は、仕事をする環境や家庭環境が変わって、人間関係の再構築が必要になる時期です。65歳で長年勤務した会社を離れた人は、新しい職場でゼロから人間関係を作っていくことになります。そのときに問われるのが会話術です。

長年仕事をする中で身につけてきた会話術が誰にでもあるはずです。みなさんが身につけてきた会話術で、一番大切にしてきたことはなんですか?

上司、部下、同僚、取引先の担当者、顧客、もちろんそれぞれ違うアプローチがあるでしょうが、共通して言えるのは「相手の気分を害さない」ということだと思うのです。どのような内容の話でも相手が気分を害せば、そこで会話は終わってしまうかも知れません。

それではもう1歩突っ込んで、「相手の気分を害さない会話術」で、一番大切なことはなんでしょうか。それは「聞き上手」になることですよね。「聞き上手」が好かれる人の条件であることは、社会で揉まれてきたみなさんはよく知っているはずです。同時に、それを実践することの難しさも、よく知っていることでしょう。

相手の話を途中で遮らずに最後まで聞く。そして相手のことを否定せずに、自分の言いたいことを伝える。これがなかなか難しい。上司や取引先の担当者に対しては、最初から自分の感情を抑えて接しますし、失礼があったらいけないという気持ちもありますから、普通にできることなのです。ところが、部下や同僚が相手となると、自分の気持ちを伝えたいという感情が表に出てしまい、相手が話している途中で遮ったり、反論してしまったりするのです。

聖人と呼ばれた孔子でも、60歳になるまではできなかったのでしょう。

人間が心の中に持っている尺度というものは、生い立ちや環境によって人それぞれみんな違うのに、人はつい自分の尺度で相手のことも測ってしまうのです。それが60歳になったら、誰の話でも相手の尺度を許容できるようになって、素直に聞くことができるようになったと言っているのだと思うのです。

よく、会話の理想的なバランスは７対３と言われます。相手の話を聞いている時間が７割で、自分が話す時間が３割くらいがちょうどよいということです。これはなぜかと言うと、相手が話したいことを最後まで聞くことによって、相手に気持ちよくなってもらい、そのあとに自分の言いたいことを言えば、相手も受け入れやすい状況になっていて、短い時間でも自分の意思が伝わるからです。

この「相手に気持ちよくなってもらう」ということが、「聞き上手」の極意であり、好かれる人の会話術に欠かせない要素だと思うのです。何を聞いても動じることなく、相手のすべてを否定せずに受け入れて、気持ちよくなってもらう。これができる人は、人間関係で悩むことが少なくなるでしょう。

自分が持っている尺度は、「常識」や「普通」といった言葉に現れるものですから、こういう言葉をよく使う人は要注意。新しい人間関係を作っていく際には、自分の中の常識を1度クリアするくらいの思い切りがあってちょうどいいと思います。

「3人にひとりが高齢者の社会」で生き抜く術

２０１７年に総務省が発表したデータによると、日本の総人口は２００８年にピークとなり、２０１１年以降は減少を続けて２０１７年は１億２６６９万人と、前年より21万人減少しています。

一方、65歳以上の高齢者は、１９４６年以降、増加を続けて２０１７年には３５１４万人になり、前年よりも57万人も増えています。

総人口における高齢者の割合は27・７パーセントで、４人にひとりが高齢者という超高齢社会を迎えています。この高齢者人口の割合は、イタリアの23パーセント、ポルトガルの21・５パーセント、ドイツの21・５パーセント、フィンランドの21・２パーセントなどを抜いており、今や日本は世界最高の高齢者国となっているのです。

生涯未婚者が増えている現状でもわかるように、日本の総人口は今後も減少を続け、一方で高齢者の人口は２０４２年まで増え続けると予想されています。僕ら団塊世代が後期高齢者の75歳以上になる２０２５年には、３人にひとりが高齢者となることが確実となっており、かつて地球上のどこの国も経験したことがない超高齢社会が訪れるわけです。

こんな超高齢社会は過去のデータがありませんから、実際にどういうことが起こるのかわかりません。人口減少、少子高齢化による労働力の低下で、財政破綻の危機を唱えるジャーナリストもいれば、社会保障制度を維持するために消費税を20パーセント近くまで上げることになると説くアナリストもいます。

僕は、労働力の減少については、実はそんなに心配していません。日本も本格的な移民政策を始めなければダメだという意見もありますけど、英語が一般的になっていない日本では言葉の問題が大きいので、２０２０年の東京オリンピックに向けて観光客が増えていても、その流れを移民政策へと結びつけるのは難しいでしょう。

にわかには信じがたいことかも知れませんが、１９９０年代後半から減少を始めた日本の「労働力人口」は、２０１３年から毎年増加しています。

15歳から64歳までの人口である「生産年齢人口」は、１９９５年をピークに減少を続け、僕ら団塊世代が65歳になった２０１２年からは急激に落ち込んでいるのですが、労働力人口は増えているのです。これは、高齢者と女性の労働力が増えているからなのです。

２００７年に厚生労働省が発表した報告書では、２０１７年の労働力人口は、２００６年とくらべて悪くて４４０万人、よくても１０１万人の減少が予想されていたのに、実際は９万人の増加となりました。65歳まで働ける企業が徐々に増え、２０１３年からは、希望者は全員65歳まで継続雇用される改正高齢者雇用安定法が施行されたことが大きく影響しており、育児休暇や育児所の整備などで女性の労働参加が増えたことも要因です。

ですから、今後も生産年齢人口は減少しますが、高齢者と女性の労働力を増やしていくことが、労働力確保のカギになるはずです。今のところ、日本の企業のＡＩ導入率はわずか２パーセントと、アメリカやドイツに後れをとっていますけども、今後は急速に導入が進むはずですから、生産性の合理化でカットできる労働力も増えてきます。

みなさんの超高齢社会を支えるのは、みなさんの労働力だということです。

今後の日本を考えるときに大事なことは、「昔はよかった」と過去を振り返って、その状況に戻そうとするのではなく、現実を受け入れて、その中でできる最良の方策をとることです。もう高度経済成長やバブル経済はやってこないのですから。

この点は、平成生まれ世代のほうが現実的にとらえていて、バブルを体験した今のアラフィフ世代は早く受け入れなければいけないことだと思います。

現在、日本のＧＤＰはまだ世界第３位を保っていますが、今後はどんどん落ちていきます。２０６０年には日本の総人口が８６００万人くらいまで減少し、生産年齢人口はそのうち４４００万人程度になるという国の推計もあります。ほぼ５人に２人が高齢者の国になります。

五木寛之さんは、著書『孤独のすすめ』の中で、現在の日本が「下山の時代」に入っていることを自覚すべきだと書かれていますが、まさにその通りで、まだ経済大国として面子はなんとか保っていても、国力の低下を始めている「斜陽国家」であることは間違いありません。

国際機関であるＯＥＣＤ（経済協力開発機構）は、２０６０年の日本のＧＤＰは中国の約９分の１、インドの６分の１程度になり、経済小国になることを予測しています。

ＧＤＰの順位が落ちたからといって、国民が不幸な国というわけではありません。

総人口８６００万人、生産年齢人口４４００万人という規模で成り立つ経済構造を作っていけばいいのです。

そのために欠かせない要素となるのが、高齢者の労働力なのです。

この項では数字の話ばかりしてきましたが、これからの日本で生きていく術とは、仕事を続けられる間は働いて適度なストレスを維持し、先行き不透明な年金制度には、できるだけ頼らない生活を確立することだと思うのです。

自分がリラックスできる環境の作り方

僕は、とくに意識しているわけではないけれど、身の回りをパッパッと片づけて綺麗にしておく癖があります。仕事をするデスクもそうですし、料理をするキッチンも同様です。

年齢を重ねるにつれて、自分なりの段取りというものが固まってきますから、その段取り通りに運びやすいアイテムの配置があるんですね。とくに料理をするときは、道具や調味料の配置が頭に入っていないと、一番美味しい調理のタイミングを逃すことになりかねません。

普段から料理をしている人というのは、料理をしながら片づけも同時進行させて、常にアイテムの配置を変えず、料理が終わったときにはキッチンが綺麗な状態になっているものです。

会社でも、デスクの上に余計な物がない人ほど、頭の中も整理されていますよね。段取りをうまく運ぶためは、余計な物を視界に入れないことが大事なのです。デスクの上にスマートフォンを置きっぱなしにしていて、メールやインターネットのチェックばかりしている部下に頭を抱えている人もいることでしょう。

人間は無意識のうちに、視界に入っているものに影響されると言われます。デスクの上などにある物もそうですし、人間もそうなんです。視界に入っている人間に影響を受けるということです。

だから、余計なストレスを溜めないためには、マイナスの刺激を受けるような人間を視界に入れないほうがいいわけです。逆に、プラスの刺激を与えてくれる人間を意識的に視界に入れるようにすれば、それだけでストレスの軽減になります。

60代は、仕事でも家庭でも環境の変化が多いとき。余計なストレスを溜めることなく、自分らしくいられる環境作りができるかどうかで、後半人生の幸福度が決まります。職場が変わったときには、自分らしくいられることを第一に、人間関係を含めた環境作りをしたいものです。

プライベートでは、家の中にリラックスできる空間を作るということもあるでしょうけど、家庭環境が変わって転居を考える人も多くなります。

子どもたちが独立して出て行き、夫婦２人に戻ったら、もう広い家は必要ありません。維持費もかかるし掃除だって大変な家を処分し、２人で暮らすのにちょうどよいマンションや、先々のことを考えてケアサービス付きの高齢者用マンションに引っ越す人が増えています。

持ち家率は年々減少していますから、結婚しても賃貸住宅暮らしで子どもを育て上げる夫婦が、とくに都心部では多いでしょう。その場合でも、夫婦２人になったらジャストフィットする快適な住空間に引っ越せばいいのです。結婚しないまま実家で暮らしていた人も、不動産相続問題が出てきますから、親が生きているうちにどう処理するか決めておくべきでしょう。

これからの時代、賃貸住宅の需要がどんどん増えていくと思います。今までは高齢者に対して、賃貸は条件が厳しいところも多かったのですが、もうこれからの時代は高齢者を対象としなければ、不動産業も成り立たなくなっていきます。

賃貸だったら、飽きたらまた引っ越せばいいので気楽。余計なストレスを溜めたくない60代以降は、楽に過ごせる住環境が大切です。

さて、引っ越しをするにあたっては、どこに住むかという選択が楽しめます。住んでみたかった町があるという人も、生まれた町に戻って暮らしたいという人もいるでしょう。

僕は結婚してから長い間、石神井公園に住んでいたので、あの公園に思い入れがあり、今、自宅は別の場所ですけど、仕事場のマンションは石神井公園の側にあります。『島耕作』も、あの公園でボートに乗ったんですよ。ちょっと目が疲れたときに、緑を見ながら散歩するのにもちょうどよくて、僕にとっては自分らしくいるために必要な環境なんです。

近年は、高齢者の田舎生活や海外移住も多くなっています。海外移住を検討するくらいの人は、相当に環境を調べていることでしょうけども、高齢になってからの海外は、やはり言葉の壁と、医療が考察ポイントになります。僕の知り合いでは、逆に、海外に何年も住んでいた人が、60代を迎えて日本に戻ってくる、戻りたがっているという例が多いですね。それは、医療費が安く言葉の通じる日本で医療を受けたいからなんです。

60代以上になると、いろいろと身体のケアも必要になってきます。今は大丈夫でも、いつ病院に行かなければいけなくなるかわかりませんから、医療については万全な態勢を確保すべきでしょう。

田舎生活も流行のひとつです。今多いのは、別に農業をやるということではなくて、都心部に住んでいた夫婦が、近郊の自然環境豊かな土地に引っ越すケース。あるいは、引っ越しても仕事の都合で、都心部と近郊の両方で暮らすというケースです。

今のアラフィフ世代が生きている間に、高い確率で首都直下型地震が起こることが予想されます。これだけ何人もの学者が警鐘を鳴らしているのですから、都心部に住んでいる人が、大地震を想定した疎開場所として簡易別荘のような住居を用意しておき、普段は休息に行けるようにするのもいいですね。

時間とおカネは「仕分け」して使う

60歳から80歳まで生きたとして20年間。

まあこれも、コップの水と一緒で、20年しかないと考えるか、20年をどう生きてやろうかと考えるかで、ずいぶんと違う時間になってきます。

すでに「老後」や「余生」という言葉は死語となっており、「第二の人生」とは呼べども、かつてのように60歳でスパッと仕事を辞めて隠居生活を送るという人はいません。60代70代も、仕事ができる間は続けてアクティブに生きたいと思っている人がほとんどです。

僕のように同じ仕事をずっと続けている人は、「第二の人生」などというものがないので、60代になったからといって生き方が激変するわけではありません。まあ、それにしても、還暦というのは、自分に残された時間を考えるいい機会ではあります。
ここでは、60代70代で時間とおカネを有効に使う生き方とはどういうものか考えてみたいと思います。

江戸時代後期に、初めて日本全土を測量して、実測による日本地図を作製した伊《い》能忠敬《のうただたか》が、第二の人生を歩み始めたのは50歳のときでした。下総《しもうさ》佐原《さわら》（今の千葉県香取市）で名主を務めていた商人の忠敬は、49歳で隠居を願い出て、50歳で江戸に出てきて趣味の世界に没頭します。

今の50歳が転職するのとはわけが違います。当時、もちろん80歳90歳まで長生きした人もいますが、平均寿命は40歳に届かない時代ですから、50歳はすでに老人という認識です。ちなみに日本人の平均寿命が50歳を超えたのは僕が生まれた１９４７年で、僕らの世代は、生まれた頃には50歳くらいが平均寿命と考えられていたのです。ここまでの医療の進歩は誰にも予想できなかったということでしょう。

話を戻しましょう。50歳で江戸に出てきた伊能忠敬は、興味を持っていた天文、暦学を若い天文学者のもとに入門して学び始めるのです。商売で成功した名主の隠遁生活ですからおカネはあります。当時の伊能家の資産は一説によると現在の30億円とも言われるほどで、忠敬は深川の隠宅に幕府の天文方にも負けない観測所を作って、天体観測に没頭しました。

今で言えば、最初は「お爺ちゃんの隠居道楽」という見方をされていたことでしょうが、あまりに熱心に観測と計算を続けるので、師匠も忠敬の資質を認めるようになります。

師匠の高橋至時《たかはしよしとき》は寛政の改暦を完成させていたものの、さらに暦を正確なものとするために地球の大きさを知る方法を考えていました。忠敬は、浅草にあった幕府暦局と深川隠宅の緯度が1分半違うことを観測によって知っていたので、その話を聞くと、2地点の距離を測れば地球の大きさが求められることを進言し、浅草と深川の距離を歩測しました。しかし、地球の大きさを測るにはいかんせん距離が短すぎます。とは言っても、このときの数値は、現在のＧＰＳデータと比較して２パーセントの誤差しかないという驚異的なものでした。

師匠の至時は、江戸と蝦夷地くらいの距離がわかれば信頼できる数値が求められるだろうと考え、自費で地図を作るという名目にして、幕府に蝦夷地測量の申請をしたのです。伊能忠敬が内弟子３人と下僕２人という少人数で第１次蝦夷地測量に出発したのは、55歳のとき。幕府は忠敬のことを道楽老人としか見ていませんでしたから、許可はしたものの、費用のほとんどは忠敬の持ち出しでした。

ここから忠敬は17年間に10回、約４万キロに及ぶ日本全国の測量を行い、最後に弟子の間宮林蔵《まみやりんぞう》が測量した蝦夷地のデータを受け取って、73歳で亡くなりました。死後は門人によって作業が続けられ、没後３年経った文政４（１８２１）年に、大図２１４枚、中図８枚、小図３枚から成る「大日本沿海輿地《よち》全図」が幕府に提出されたのです。

海防を固めるためには全国の地図が必要だったという時代的背景はありますが、この日本初の近代地図は、なんと言っても忠敬の時間とおカネがなかったら完成しませんでした。この地図は海防が目的の国家機密ですから、あまり人の目につくことはなく、なんと、幕府に献上された原本は明治６年の皇居火災で焼失、副本も関東大震災で焼失してしまいます。

「大日本沿海輿地全図」は、長らく大図と中図の写しがほんの一部残っているだけだったのですが、２００１年にアメリカ議会図書館で大図２０７枚が発見され、その後、残る７枚も国内で発見され、２００４年に全貌が明らかになったという数奇な運命をたどります。

伊能忠敬は成功した商人ですから、おカネの使い方に厳しかったと言われています。ところが測量のためには、財産を惜しまずつぎ込みました。この老後の時間とおカネの使い方、最高だと思いませんか?

規模は違えど、自分が没頭できることにおカネを使い、砂時計の砂が落ち終わったときには、おカネもちょうどなくなっているような人生は幸せだと思います。それが少しでも社会の役に立ったら言うことはありませんね。

60歳からは「手ぶら」で生きる

余計な物を捨て去り、身の回りを整理する「断○○」ということばが流行語になったのは、２０１０年のことでした。どうもこの3文字は作者の登録商標で、勝手には使えないらしい。本来の意味は、仏教哲学からきているようですけど、今や「物を捨てて身軽になる」という意味で一般的に使われています。

僕は自分が60代を迎える頃から、「手ぶらの感覚」を大事にしようということを言ってきました。これは哲学などではなく、物と情報が増えすぎた自分の環境を見直して、フットワークのよい手ぶらの感覚を思い出そうという提案です。

物だけでなく、60代という人生の転換期を迎えるにあたって、いい機会だから、惰性やしがらみで続けてきた面倒な人付き合いも整理して、身軽になって生きませんかという提案もしてきました。

僕自身、そう考えたときから、年賀状は一切書くのをやめ、お中元やお歳暮といった贈り物のやり取りも年々減らしてきました。感謝の気持ちや敬愛の情を示すことが悪いとは言いません。本心から贈り物をしたい相手には贈ればいい。でも、お互いに負担になるだけの習慣は、続ける意味がありません。

年賀状も、昔は年に1度の生存確認という側面がありました。でも今は携帯電話でもメールでも、連絡をとろうと思ったらすぐにできるわけですし、旧友がたとえ外国にいても、ＦａｃｅｂｏｏｋなどのＳＮＳで日頃からコミュニケーションをとることが普通になっているのですから、新年のあいさつもそれで済んでしまいます。

昨今はＳＮＳから離れられない高齢者が増えていて、またそこにしがらみができて負担に感じるという人の話を聞いたときは笑ってしまいました。寂しい気持ちになるかも知れませんが、ちょっと勇気を出して「もうやめませんか?」「これを機にやめます」と宣言してしまえば、しがらみから離れて楽になることができるのです。

そんな時代だからこそ、年に1度、手書き文字で気持ちを表すことに価値があると思う人はいるでしょう。そういう人は気持ちを込めて年賀状を書けばいいと思います。でも、印刷だけの年賀状はもうやめたほうがいい。葉書代が無駄ですね。

そうした、手ぶら感覚の楽な生き方をする秘訣が、「割り切り」と「切り捨て」なのです。僕は、「まあいいか」「それがどうした」「人それぞれ」という3ステップで自分を解放する思考法を紹介してきました。これも、割り切って切り捨てるための思考法です。

さて、それではどうやって割り切って、何を切り捨てるかということを考えてみましょう。人間は、生まれてから毎日、取捨選択を繰り返しながら生きています。日々の生活を振り返ってみてください。朝から晩まで、仕事をするにしても、食事をするにしても、「やるかやらないか」「何にするか」という選択を続けて、何かを選んでいますよね。何を判断基準にして取捨選択をしているかということで、その人の個性が形成されます。

ここで大事なのは、「いいか悪いか」という善悪の基準ではなくて、「好きか嫌いか」「心地よいか悪いか」という、自分にとってのプラスの刺激になるかどうかという基準で判断することです。物事を善悪で判断しようとすると、軸がぶれることになります。善悪は、自分が置かれた立場によって変わる要素だからです。

自分にとってのプラスの刺激は脳が反応するものですから、意識的に「好き」を「嫌い」に変えることはできません。だから、ぶれることがなく、自分に一番正直な基準だと言えるのです。ただ「好き」だけでなくて、「ちょっと疲れるかも知れないけど、好きだからやる」というような判断も成り立ちます。

件の三段論法も、「まあいいか」と割り切って、「それがどうした」と現実を受け入れて開き直り、「人それぞれ」と切り捨てる、という3ステップなのです。

ここまで割り切る思考法は、若い頃にはなかなかできないことかも知れません。まず、割り切ることにとても勇気が必要です。「捨ててしまって本当に大丈夫だろうか」という心配もつきまといます。でも、60歳にもなると、誰でも生まれてから無数の取捨選択を繰り返してきた実績があるので、好き嫌いの基準もはっきりしてきて、取捨選択で迷わなくなるのです。

だから、あまり深く考えずにプラスの感情だけで「まあいいか」と割り切っても、軌道を外すということは、そうそうなくなります。「割り切り」と「切り捨て」は、後半人生を楽に生きる術として、自信を持っておすすめできる思考法です。

早く割り切ってしまうことで、時間的な余裕が生まれます。後半人生でこのアドバンテージは大きい。すべては砂時計の砂が落ち切るまでの話なのですから。

そして、切り捨てることで軽くなる。背負っていくものは、できるだけ少なくしないと疲れます。

60代は、ドンドン割り切って、バンバン切り捨てていきましょう。

老化防止の秘訣は食事内容と仕事

老化は成長の一過程ですから、抗うことなく受け入れるべきだと思っていますけど、身体が動かなくなったり脳が働かなくなったりするのは、できるだけ防ぎたいものですね。

身体の老化は細胞がサビることで進行し、それを食い止めるのが抗酸化です。

僕のアシスタントたちも、みんなけっこうイイ歳になっているので、プロダクションで毎日の食事を作るときには、緑黄色野菜でビタミンA、C、Eやポリフェノールを欠かさないようにするとか、大豆でイソフラボンを摂るとか、ゴマでセサミンを摂るなど、抗酸化食品を意識的に摂るようにしています。

酸素は、生きるために必要なものですが、身体の中でエネルギー生成に使われたとき、活性酸素という物質を作ってしまいます。言わば燃えカスですね。この活性酸素は、強力な酸化作用を持っていて、細菌やウイルスなどを殺す免疫力として人体に必要なものなのですが、増えてしまうと正常な細胞まで傷つけてしまい、老化を促進してしまうのです。

外見の老化現象として一番気になるのは、女性だったら肌のシワやシミでしょうし、男性の場合は白髪や薄毛ということになるのでしょうか。60代になると、足腰の痛みや、物覚えが悪くなったという男女共通の老化現象も目立ってきます。

元来、人体には活性酸素の悪影響を和らげる抗酸化作用というものがあるのですが、活性酸素は飲酒や喫煙だけでなく、紫外線を浴びただけでも増えてしまうので、身体が持っている抗酸化作用では間に合わなくなって、細胞を老化させてしまうのです。そこで、毎日の食事で抗酸化物質を補うわけです。

人間の身体は、食べた物で作られるのですから、健康でいようと思ったら食事の内容を考えなければいけません。僕は、毎日の食事で、細かく栄養管理をしているわけではありませんが、気をつけているポイントが3つあります。

ひとつは、肉や魚から良質のタンパク質を摂ることです。タンパク質は体内でアミノ酸に分解され、全身に運ばれて細胞の材料になりますから、不足すれば新しい細胞ができにくくなるということです。

2つ目は、脂質と糖質を摂りすぎないことです。高齢になってくると新陳代謝が落ちてきますから、少し食べすぎただけでも太りやすくなります。脂質とは脂分のことで、料理に使うオイル以外に、肉や魚の脂身も含まれます。オイルの種類についていくつかの分類がありますけど、どれも摂りすぎればよくありません。糖質とは炭水化物のことです。

体内ではエネルギー源として糖質がまず使われて、そのあとに脂質が使われるので、糖質を摂りすぎていると脂質は燃やされないまま皮下脂肪として蓄えられてしまうのです。だから脂質と糖質は、バランスを考えて摂るようにしています。

そして3つ目のポイントが、抗酸化食品を欠かさないことです。これらのポイントは、栄養士が作る給食のように厳密な調理をしているわけではなく、「気をつけている」というレベルですけど、やらないよりは全然まし、それでいいと思っています。

外見的な老化現象とともに、必ずあげられるのが、物忘れや思い出せないといった記憶力の低下ですね。しかし、記憶を保持する脳の神経細胞は、60代でも増えるという驚きの研究報告があります。記憶力に年齢の壁はないと言うのです。

それではなぜ、忘れっぽくなったり、思い出せなくなったりするのかと言えば、記憶を使わなくなるからです。記憶を引き出しやすくするためには、関連付けを増やすことと、感情のともなう記憶にすることが大事だと言われています。

何かを思い出せないときに、関連するイメージから探したり、「あ・い・う・え・お」と五十音をひとつずつ口にしたりして、きっかけがつかめることがありますよね。あれは、記憶した情報が脳内で関連付けされているからなんです。だから、関連付けが多い記憶は引き出しやすいというわけです。

それと、誰かに会ったときに、顔と名前だけではなくて、「カッコいい人だった」「いい匂いがした」「話が面白かった」などという感情がともなうと忘れませんよね。覚えたばかりの情報は関連付けが少なくても、あとから増やす方法があります。

それが、覚えた情報を何度も思い出すこと、要するに学生時代に誰もがやった「復習」なんですね。何度も思い出すことによって関連付けが増えていき、思い出したときの感情がプラスされていくわけです。

僕が日々の創作活動でやっていることは、まさに様々な記憶を引っ張り出しては、関連付けて収納することの繰り返しなんです。やはり、仕事を続けていることが一番のボケ防止になっていることは、間違いありませんね。

ちなみに、初対面の人の顔と名前を覚えるためには、会った場所の景色や音、感情などを意識するようにすると、名刺を眺めているより多い関連付けが脳に残ります。そして大事なのが、思い出すこと。定期的に名刺をめくりながら、大勢の人のことを思い出す習慣を作ると、使える記憶として定着し、ボケ防止にはもってこいです。

嫌われない老人になる条件とは

60歳を超えてまで八方美人になる必要はまったくありませんが、世の中から嫌われる存在にはならないほうがいい。そこで、嫌われない老人の条件というものをいくつか考えてみました。

まず、最低限の身だしなみですね。

シミだらけの肌に髪の毛はゴマ塩、毛玉のついたスウェット上下でサンダル履き。そんな出で立ちで歩いている老人には、近寄りたくないですよね。ホテルの部屋のドアを出たらそこはもう街というイメージを忘れず、家の近所を歩くときでも小綺麗にしたいものです。

そして、社会の負担にならないこと。

御年85歳になられた大先輩の五木寛之さんが書かれた『孤独のすすめ』では、「嫌老社会」という言葉が使われていますが、日本の高齢者は、年金制度と医療保険に手厚く守られて、ぬくぬくと生きているというイメージが社会にあることを自覚しましょう。とくに年金制度や保険制度を支えている若い世代は、高齢者の存在を「負担」と考えている人が多いのです。

やはり仕事を続けられる間は働いて、できるだけ年金に頼らない生活をし、余分な検査や医療受診は避けたいものです。僕はインフルエンザの予防注射などするよりも、外出先から戻ったときの手洗いとうがいのほうが、よっぽど効果があると思っています。

そして、カネ離れがいいこと。

老人にとっておカネは、嫌われないためのツールになります。だからと言って、孫の財布になってしまってはダメ。お年玉も額を決めてあげすぎないことが大事です。経済を活性化させるために思い切って消費したり、これから社会を支えていく若者たちに投資したりと、おカネは自分のためか社会のために使いたいものです。

東日本大震災のボランティアで広まった日本のクラウドファンディングは、リターンを考えない寄付型や、サービスが受けられる購入型の出資が多かったのですが、年々規模を拡大する中、現在では金銭的なリターンを求める貸付型が主流になってきています。世の中や若者のために自分のおカネを役立てたいという人から、その上で金利収入を得たいという人まで、自分の目的に合わせた出資が可能です。

それから、上から目線で意見を押し付けないこと。

これは典型的な頑固オヤジ、頑固ババアの特徴ですね。長年会社で仕事をしてきて、役職が上の人ほど、退職しても上から目線が抜けないものです。頭の中に「これはこうすべき」「これはこうあるべき」という定義付けが染みついたまま固まっている状態ですから、時代や環境の変化に対応できません。自分たちが若かった頃に、高齢層に対して感じた価値観の違いを忘れてはいけません。

団塊世代に多いのですが、とくに政治的な話になると力が入って、場を考えずに自分の意見を熱く主張し続けるタイプ。これは嫌われますね。

それから、過去の自慢話をしないこと。

これも高い地位にいた人に多い弊害ですね。生活環境が変わって新たな人間関係を築かなければいけないときに、もっとも嫌われるタイプです。海外に長くいたとか、こんなに広い家に住んでいたとか、政治家の誰それが知り合いだとか、そういう過去の栄光は、今の自分の価値とはまったく関係のない話です。自分の価値は、何をしてきたかではなくて、これから何ができるかにあるのですから。

今は笑い話のように聞こえるかもしれませんけど、こうなるタイプはけっこう多いですから、気をつけてください。未来に対して目標や楽しみが感じられなくなると、過去を振り返ることしかできなくなってしまう人が多いのです。大事なのは現実である「今」に楽しみを見出すことなのですが、探求心や向上心というものは意識して維持しないと忘れてしまいがちなのです。

こうして嫌われる老人の条件をピックアップしてみると、嫌われない老人像とは、身だしなみに気を配って、カネ離れがよくて、上から目線ではなくて、意見を押し付けることなく、自慢話をしない人、ということになります。

どう考えても、当たり前のことですよね。

でも、60代というのは、人間として当たり前の姿勢を維持することが、だんだんと難しくなってくるわけです。

本書の後半では、後半人生でメンタルを維持するための時間の使い方について話しましょう。

第４章
上手に疲れをとる時間の使いかた

体が疲れない毎日の習慣

僕らの世代は、就職して給料をもらえるようになると、まずクルマを買うのが男のステータスでした。早いやつは18歳になるとすぐに免許をとって、大学時代に二輪から四輪へと乗り換えていました。その時代は、移動手段の足として楽しむと言うよりも、女の子にもてるためのアイテムとして必要だったわけです。

今の時代は、若者がクルマもオートバイも買わなくなり、クルマ好きとしては寂しい気がしているのですが、今のアラフィフ世代が20歳前後の頃は、僕らの時代以上にクルマ好きが多かったのではないかと思います。１９８０年代は、１９７０年代の石油危機や排ガス規制を苦労しながら乗り越えた日本車が急成長した時代で、７０年代後半から始まったスーパーカーブームもありました。

僕が松下電器に就職して買った最初のクルマは、ホンダの「Ｎ３６０」でした。

もちろん中古車で、前のオーナーが車高を下げてレーシングマフラーを装着した、走り屋仕様でした。

その次に、同じくホンダの「Ｚ」という軽自動車に乗り、シビック初のスポーツモデルだった「１２００ＲＳ」、当時の暴走族に人気があった２代目「マツダコスモ」と、次々と中古車を乗り継ぎ、少し漫画が売れ始めた頃に、初めて買った新車が、リトラクタブルヘッドライトの３代目「マツダコスモ」です。

その後、フォルクスワーゲンの「サンタナ」に乗り、漫画が売れてからはメルセデスに乗り継いでいます。１度だけポルシェに浮気して、「９１１カレラ２」でとんでもないことになったのですが、その顛末は『男子の作法』という本に書いたので、笑いたい人は是非読んでみてください。

「Ｎ３６０」から、今乗っている「ゲレンデヴァーゲン」まで、思い返してみると、僕が車を選ぶときの基準はエンジンの気持ちよさであったように思えます。それも、回したときのパワーなどより、イグニッションキーをひねってセルモーターが回り、ドゥルルルルとアイドリングしているときの心地よさです。動物で言えば、動かずに呼吸をしている状態。ですから、あまり静かすぎるラグジュアリーなセダンよりも、躍動していることがわかるスポーツ系のクルマが好きでした。

なぜエンジンの話などしたかと言うと、ここで「アクティブレスト」について語りたいからです。

アクティブレストとは、適度な運動をしながら心身の疲れをとる方法です。金曜日まで目いっぱい仕事をして、疲労を感じているときに、土曜日と日曜日を家でゴロゴロするのではなく、身体に大きな負担をかけない軽い運動をしたほうが、疲労回復効果が大きいんですね。

筋肉疲労というのは、筋肉が収縮して硬くなり、血行が悪くなって老廃物が溜まってしまっている状態なんです。だから、そのまま動かないでいると、どんどん悪化する可能性が高い。それよりも、ストレッチだったりウォーキングだったりと、身体に負担をかけずに筋肉を動かしてやると、だんだん血行が回復し、筋肉に停滞していた老廃物が流されるわけです。

歳をとってくると、だんだん身体の細胞がサビついてくるわけですから、老廃物などが溜まった状態で1度動くのをやめてしまうと、元の状態に回復させるには時間がかかるようになります。古いエンジンは、ウォーミングアップに時間を要しますよね。加熱したエンジンを冷やすために1度止めてしまうと潤滑油も回らなくなりますけど、止めてしまうのでなくアイドリング状態を続けることで、潤滑油を行きわたらせながら冷やすことができます。

人間の身体も同じで、疲れたら動くのをやめてしまうのではなくて、軽い運動を続けたほうが早く疲れが抜けるということです。僕にとってはゴルフが一番のアクティブレストで、仕事で疲れていても時間を作ってゴルフをすることによって、楽しみながら疲労回復ができます。

疲れたからとゴロゴロして週末を過ごすのは、老化を進行させるだけ。筋肉は、動かさなければどんどん老化してしまうのです。

目の疲れも同様です。

原稿やパソコンのモニターなど、同じ焦点距離にあるものを見続けていると、眼球周りの筋肉が硬くなってしまい、血行不良を起こして老廃物が流れなくなってしまいます。目が疲れたときに温めたり冷やしたりするよりも効果的なのは、窓のところへ行って、遠くの建物やちょっと離れたところの樹木、道路を走るクルマなどを見て、目の焦点距離を変えて筋肉を動かしてやることなのです。

僕は仕事で目を酷使してきたこともあるでしょうが、さすがにこの歳になると疲れるのが早くなりました。以前は窓のところへ行くのが2時間に1回で済んでいたのに、それが1時間に1回になり、最近は30分もすると意識して眼球を動かしたり、遠くを見たりしています。

こういう歳相応の老化とは、うまく付き合っていく方法を見つけるしかありません。

「いい加減になれる」人がストレスに強い

仕事に完璧さを求めるのは、普通のことです。どこかで妥協することも必要ではありますけど、最初から妥協していたのでは、向上心がない人間だと思われてしまいます。ですから長年、仕事をするからには完璧を目指してきたという人が多いはずです。とくに若い部下を育成する立場になってからは、見本にならなければいけないという思いから、自分に完璧さを求めてきた人も多いことでしょう。

しかし、「こうあるべき」「こうしなければいけない」といった完璧主義は、自分を追い込むのでストレスの大きな要因となり、完璧主義者は他人にも100パーセントを求めてしまう傾向があるので、嫌われる原因にもなります。

完璧主義や頑張り癖というものは、子どものときの育ち方に端を発しているケースが多いと言われています。子どもの頃は、頑張ることによって、親や先生に言われたことを完璧にこなせて、それは「いい子」として褒められる体験になるのです。

しかし、年齢を重ねるに従って、いくら頑張っても完璧な結果を残せないことが出てくるのが普通で、失敗や挫折を体験することによって、人間として成長するわけです。何度も壁にぶつかってバランスのとり方を覚えていき、自分を守りながら最良の結果を考えることができるようになるのです。

ところが、壁にぶつかることが少なかった人は、そのまま大人になってしまうので完璧さを求め続けてしまい、頑張ることとの悪循環にハマッてしまうのです。まず完璧にできない自分に嫌悪感を抱き、完璧主義を捨てようとすると、今度は完璧主義をやめようと頑張ってしまう自分にまたまた自己嫌悪を感じて、ストレスの渦から出られなくなるわけです。変な言い方になりますけど、「完璧に完璧主義をやめようとしてしまう」のです。

何が問題かと言うと、「いい加減」になれないところなんですね。

そこまでガチガチの完璧主義ではなくても、誰もが持っている仕事に対する向上心から、何かにつけて「こうあるべき」という定義付けを自分の中に作りがちな人は少なくありません。

島耕作の新入社員時代を描いた『ヤング島耕作』には、4人一部屋で寮生活を送る若き日の島耕作が、同部屋の真面目すぎる高卒社員と会話をするシーンがあります。

その若者は、親や先生から教えられた「人間コツコツと努力すれば必ず報われる」という言葉を信じて、わき目も振らずに頑張って初芝電産に入社したのですが、女の子と遊んでいる人間が注目されて、頑張っている人間が陽の目を見ないことに、あまりの理不尽を感じて涙します。

そして島に、「間違っていると思いませんか！」と訴えるのです。

『島耕作』シリーズを読んでいただいた方にはわかると思いますが、その若者に対して島は、「世の中は理不尽なものだと思っていたほうがいい」「そんなものだと思っている」という、僕がサラリーマン時代に実感した会社という組織の論理を語るのです。

若者は、「そんないい加減なことでいいんですか」と食い下がりますが、島は「いいんじゃない、いい加減で」と続け、物事をあまりこうだと決めつけて考えると、その通りに進まないときに、ストレスを溜めることになると諭すのです。

漫画では、いい加減になれる手段として、島たちがその若者に麻雀を教えるのですが、1番簡単な方法は、やはり自分に課しているハードルを下げることです。「こうあるべき」「こうでなければいけない」という考え方を、「このほうがいい」「こうなるといい」という言葉に置き換えて、困っている自分を許してやるのです。

間違いないのは、「やらないよりはいい」という判断。人に迷惑をかけなければ、いい加減でも許されることが実感できれば、完璧主義を捨てることができるでしょう。

優等生やエリートコースを歩み続けてきた人は、後半人生でも「1番」へのこだわりが捨てられずに、余計なストレスを溜めてしまう傾向があります。1番への執着が捨てられない人は、どんな小さなことでもいいから自分が現実に1番でいられることを見つけて大事にすればいいのです。

規模が小さいことでも、時間的に限られたことでも、達成感や充実感が得られれば、それは疲れを癒す糧となります。

情報やパソコンやLEDから離れてみる効能

1990年代を思い返してみてください。

携帯電話とインターネットの普及で起こった情報革命。

それ以前と、それ以後では、仕事の仕方もプライベートの楽しみ方も、人間関係も価値観も、あらゆることが変わってしまいましたよね。

1992年に『課長　島耕作』の連載を終えた僕は、『部長　島耕作』を年に1~2本というスローペースで書きながら、若い政治家を描いた『加治隆介の議』と、猪瀬直樹さん原作でマスコミや報道のあり方をテーマにした『ラストニュース』、中高年の恋愛や人生観をテーマにした『黄昏流星群』を描いて1990年代を過ごしました。

バブルが崩壊して日本が低迷期に入ったこの時代、40代半ばだった僕は自分が人生の折り返し地点に立っていることを認識したのです。同年代でサラリーマンを続けている連中は課長クラスになっている者が多かったのですが、リストラの嵐が吹き荒れる中、肩たたきにあったり、関連会社へ出向という名目で人員整理されたりして、受難の時代を迎えていました。

会社のために、それこそ24時間態勢で働くことが当たり前とされた時代ですから、すべてを仕事につぎ込んできた彼らは、抜け殻のようでした。仕事一筋という生き方の主人公を描いてきた僕は、同じように生きてきたサラリーマンの悲哀を目の当たりにして、ここで1度立ち止まり、自分の人生を見直そうと思ったのです。

１９９２年と言えば、僕が松下電器に就職した１９７０年に生まれた人たちが大学を卒業して就職する年になりますから、今50歳以上のみなさんは仕事をすでに始めていて、若手社員としてバブル崩壊に遭遇したはずです。

冷え込む経済の中で、90年代後半に情報ツールはポケベルから携帯電話へと進化し、「ウィンドウズ95」が登場すると、特別な人しか使っていなかったパソコンが仕事に導入されて、誰でも使えなければいけないものへと変わりましたね。政治と報道の漫画を描きながら、僕もいつしか携帯電話を持ち歩くようになり、パソコンに触るようになっていました。

携帯電話が普及し始めた頃は、日本中どこにいても仕事で捕まるということで、自由業を営む人間は、休みになると海外に行って携帯電話が鳴らない安息の日々を過ごしていたのです。ところが、海外にいてもそのままつながる携帯電話ができたおかげで、幸か不幸かどこにいても仕事ができるようになってしまいました。インターネットが世界中どこでも使えるようになっている今では、地球上にいる限り、情報網から逃れることが難しくなりつつあります。

さて、今や通勤にはインターネット端末であるスマートフォンを携帯していることが普通のこととなり、仕事では1日中パソコンに向かいっぱなし、家に帰れば液晶テレビと、視覚情報の嵐の中で生きているような時代になりました。1日中、液晶モニターやＬＥＤを見ているわけです。

情報は多ければいいというものではありません。僕が漫画のために必要とするのは、すぐに使える情報で、いつか使えるかも知れないという情報は切り捨てます。そうしないといつまでも情報収集を続けることになってしまうからです。

余計な情報を集めすぎても、選択肢を増やして行動が遅れるだけです。情報というものは新鮮さが大事なのですから、必要になったときに必要なものだけを集めればいいのです。

ところが、今は朝から晩までどこにいても情報が入ってきますから、誰もが情報過多になっています。いらない情報までインプットされるので取捨選択に手間がかかり、情報疲れしてしまうのです。

また、ここ数年で、電球をＬＥＤに変えて省エネしようという活動が盛んになり、ＬＥＤも価格が下がったことで、一般家庭でもＬＥＤの光の中で生活するようになりました。たしかにＬＥＤは消費電力が少ないので省エネにはなるのですけど、電球と比べると強い光源なので、目は疲れます。とくに大きなエネルギーを持っているのが、液晶モニターからも発せられている「ブルーライト」で、眼球の奥にある網膜まで傷つけると言われています。

この生活が目と脳に及ぼす悪影響は、計り知れないものがあります。LEDを長時間使用することで、人にどのような影響が出るかということは、まだはっきりわかっていないのです。疲れ目を放置して眼精疲労へと悪化し、目だけでなく頭痛、首や肩のコリと痛み、吐き気、睡眠障害といった症状を起こす人が増えているのが現状です。

僕は目を大事にしたいので、文字原稿もパソコンを使わず手書きですし、スマホも連絡で必要なとき以外は見ないようにしています。目の疲れが顕著になってきたと感じたら、できれば2〜3日、無理だったら1日でもいいので、情報とLEDをシャットアウトした時間を過ごしてみてください。驚くほど肩から上の疲れがとれますよ。アウトドアが好きな人は知っている感覚でしょうね。

「群れの効用」をうまく利用する

僕が入学した年の早稲田大学は、「早大闘争」と呼ばれる学生運動の真っ最中でした。入試のために岩国から上京した僕は、試験前日に下見をしておこうと思い、大学まで行ってみると、校内はバリケードで封鎖されていて、学生と機動隊が一触即発状態にあるという、今では信じられない光景がありました。

このくだりは、『学生　島耕作』に描いていますが、僕が入学する前年の１９６５年12月に学費の値上げが発表され、１９６６年の前半はそれに反対する学生がストや試験のボイコットを繰り返していたのです。この闘争自体は1年もしないで終息するものの、ベトナム戦争に反対する反戦運動や反政府系の左翼運動が全国の大学に伝播していきました。

あの時代の学生運動の話になると、ほとんどの学生がデモやストに参加していたように思われがちですが、実際にはそんなことはありませんでした。たしかに1968年には、安田講堂の攻防で知られる東大紛争があり、全国の大学で全共闘という連合体ができると、それまでよりも多くの学生が運動に参加しました。

しかし、僕のように、誘われて1度は集会に参加してみたけど賛同できなかったとか、付き合いでデモに参加しただけという学生も多いので、正確に何パーセントの学生が学生運動に参加していたと言うことはできませんが、運動に傾倒していたのは一部の学生であったことは間違いありません。

昨今の反政府運動で国会議事堂前に集まって、大学生を先導している団塊世代は、みんな筋金入りの運動家だったように思われていても、実際は1回だけデモに参加したことがある、もしくは当時、学生運動には参加しなかったという人が多いと思います。

あれは、あの時代の連帯感にノスタルジーを感じていて、ああやって実際に人が集まって気分が高揚するのを楽しんでいるんです。それで気分がよくなれるのだったら、やりたい人はやればいいと思います。大学生のほうは、結局、昔と一緒で、就職活動の準備が始まるとやめてしまいます。ほかの世代は、忙しいですから参加しません。

当時、僕が運動に参加しなかったのは、彼らが言っていることにリアリティを感じなかったこともありますけど、あの連帯感が好きではなかったからです。徒党を組まなければ、自分の言いたいことを主張できないという、ああいうやり方が嫌いだったのです。

僕は子どもの頃から群れるのが嫌いで、仕事を始めてからも松下電器では労働組合の行事には参加しませんでしたし、漫画家になってからも長い間、漫画家協会に属していませんでした。50代後半になって、さいとう・たかを先生に「入らなきゃいかん」と、半分叱られるようにして日本漫画家協会に入ったんです。孤独を愛する人間ですから、群れにいる気持ちよさというものは、あまり知らないのだと思います。

群れに加わっているときの気持ちよさというものは、多数派でいられることだと思うのです。多数派でいられるというのは、精神的に楽ですから、疲れたときや気持ちがすさんだときに戻れる、多数派でいられる場を持っておくのはいいことじゃないでしょうか。だから、高齢者が反政府集会に参加してストレスを解消するのは、それはそれでいいことじゃないかと思っています。

また一方で、群れにいて疲れたら、自分から群れを離れて孤独になると楽になります。群れにいれば群れのルールに従わなければいけませんし、人間関係で疲れることも多くなります。その負担と引き換えに外敵から守ってもらったり、スケールメリットのような力を持つことができるわけです。

いくら孤独が好きだと言っても、本当に孤独な人間はいないわけで、どこかで他人とのつながりを持って生きているのですから、こういう「群れの効用」は、自分が生きやすいように利用していけばいいのです。

会社という群れの中で仕事をしていて疲れたときには、群れを離れることによって少し気持ちが楽になるはずです。疲れているときは、この「少し楽になる」ことがとても大事なのです。マイナスの刺激のストレス反応は消すことができないのですから、忘れることが一番いいとわかっていても、忘れようとすれば、そのマイナスの感情を思い出してしまいます。でも、気持ちが少し楽になるということは、無意識のうちにマイナスの感情を少し忘れているわけです。突破口ができれば、あとは楽なこと、心地よいことに意識を向けるようにすればストレスは軽減されていきます。

自分を変えることはなかなか難しくても、自分を取り囲む環境を変えることは簡単にできます。仕事で疲れたら席を立てばいいわけです。1時間、会社という群れを離れて、都会の荒野に放たれるだけでも気持ちが自由になります。

人間は動物たちと違って、複数の群れに属しているものです。

仕事をしている群れで疲れたら、別の群れに逃げ込んでもいい。僕は群れというものがあまり好きではないけれど、常連になっている居酒屋でも、同好の士と盛り上がるコミケでも、反政府集会でも、自分が多数派でいられる群れをひとつ持っておくことは、いいことだと思います。

ネガティブな自分も受け入れる

人間、50歳まで生きてくれば、自分の長所と短所、得意なことと苦手なこともわかっているものです。自分の性格がどのようにして形成されてきたかということも、だいたい分析できています。だからと言って、後半人生で失敗や後悔がなくなるかと言えば、そんなことはありません。

自分のネガティブなところがわかっているのに、それが原因で失敗してしまったり、後悔をするはめになるのは、なぜなのでしょうか。相手がよく思わないことを知っているのに、つい否定的な反論をしてしまって後悔するとか、安定を求めるあまり、積極的になれないことで自己嫌悪に陥るということはありますよね。

ネガティブという言葉は、「否定的」「消極的」といった意味で使われ、「ネガティブな要素」と言うと、「マイナス面」という意味でも用いられます。もう長くビジネスシーンにいるみなさんは、「ネガティブ思考をやめてポジティブ思考を」とか、「マイナス思考からは何も生まれない」といった、「ポジティブシンキング肯定論」が書かれた自己啓発本を何冊か読んだことでしょう。

ここで、ネガティブ思考は悪いことで、ポジティブ思考はよいことだと思っている人に、少し考えてもらいたいのです。後半人生を楽に生きるためには、「善悪」で取捨選択をせずに、「好きか嫌いか」「心地よいかどうか」という基準で判断すべきということを言いましたが、この基準で考えると、ネガティブ思考は取捨選択の基準になりませんね。

自分がネガティブになってしまうか、ポジティブでいられるかということは、行動の判断基準にはならないということなのです。なぜかと言えば、ネガティブ思考の原因となるマイナスの感情は、消し去ることができないものだからです。そしてその多くは、自分の意思とは関係なく降り注ぐマイナスの刺激が引き起こすものなのですから、ネガティブな感情があるのは仕方がないことなのです。

ですから、積極的に生きようと思ったら、「積極的になれない自分」を捨てようとするのではなくて、それもあっての自分だと考えて、受け入れてしまうほうがいい。アラフィフ世代になったら、自分のダメなところが直らなくても、苦手なことが多くても、今までよりもちょっと甘くなって許してやるのです。自分のすべてを許して心地よくなると、人が心地よくないことはしたくないと思うようになります。人に嫌な思いをさせなければ、自己嫌悪で悩むこともなくなるはずです。

1995年、僕は50歳を目前にして、『黄昏流星群』の連載を始めました。バブルが崩壊してサラリーマンの環境が激変し、情報革命が巻き起こる中で、自分と同年代の人間が人生の転機を迎えていました。まさに当時のアラフィフ世代です。

僕の漫画は、自分と同年代の人間を主人公にして、同年代の人たちに読んでもらおうと考えて描いたものが多く、『島耕作』シリーズもそうですが、『黄昏流星群』も自分の成長とほぼ同時進行してきました。

連載を始めた頃の社会には、中高年の恋愛にまだまだネガティブなイメージがありました。「いい歳をして恋愛なんて」という風潮から、自分の恋愛感情にフタをしようとする男女も多かったのです。だからと言って、50代以上の男女が恋愛をしていなかったわけではありません。人を愛するという、自分のプラスの感情に正直でいたいと思う人たちは、他人の目を気にしながらも、人生を謳歌していました。

僕は、同年代の男女に対して、「否定的に見られてもいいじゃないか。白髪もシワも成長した証なのだから気にすることはない。自分の気持ちに正直になって、自分に与えられた時間を楽しもう」というメッセージを込めて、『黄昏流星群』を描き続けました。65歳になったときは、「自分ではまだまだ若いと思っていても、社会的に高齢者と分類される年齢になったことは事実。現実を受け入れてしまえば楽になる」と、開き直って中高年の恋愛を描き続けました。

あれから今年で23年、世の中の認識はずいぶんと変わりました。今や、50代60代の芸能人や著名人が恋愛したり、結婚したりすることは普通に報道されて、誰も「いい歳をして」などとは思いません。
ネガティブな要素は、時と場所によって変わるものなのです。
だから、前向きになれないときがあっても、深く考えて悩む必要はありません。
ちょっと疲れているのだと思って、自分を癒してやればいいのです。

自律神経を整え、イライラを消す方法

体内のホルモンバランスが変わる50代は、メンタルヘルスに問題を抱えることが多くなります。

それまで普通にこなしていたことが面倒になったり、毎日やっていたことでとても疲れるようになったりするときがあります。

最初は、「ちょっと体調を崩したかな」くらいに感じて、今までもたまにあったように2〜3日すれば回復するだろうと思っているのですが、1週間しても一向に治らない。そのうちに、めまいや睡眠障害などの症状も現れてきて、「これは、どこか悪いのかも知れない」と心配になって病院へ行くと、更年期が原因の「自律神経失調症」と診断される人が増えてきています。

ここで、とくに50代以降で体調不良の原因となる「自律神経」について、少し話しておきましょう。

僕は自分が50代になってから、うつ病で苦しむ同年代の男性が多い現実を垣間見て、精神科医の大野裕先生と共著で『ミドルエイジクライシス　やさしい発想転換法』という本を作り、男の更年期や自律神経について考察しました。

この本の第一章で、「自立」と「自律」を取り上げ、自律とは自分にルールを課すことだと解説しましたが、「自分を律する神経」と書く自律神経は、「自分の意思とは関係なく生命を維持するために働いている器官の機能」を調節する神経です。

具体的には、呼吸や心拍、血液の循環、消化吸収、ホルモンなどの分泌、排泄、生殖機能などの働きをコントロールしている重要な神経で、交感神経と副交感神経の2つから成り立っています。これほど重要な役割がある神経ですから、失調をきたすといろいろな病気を引き起こす原因になるのです。

交感神経と副交感神経は、どちらかが活発になると、もう片方の活性が落ちるという関係にあります。どちらかが優位にあるときでもお互いに40～60パーセントというバランスを保てば、ほどよい緊張感とリラックスがあって健康な状態だとされます。自分で意識して2つの神経をコントロールすることはできませんけども、運動をすることによって交感神経を活発にしたり、リラックスすることで副交感神経を活発にすることは可能です。

昼間は主に交感神経が優位になって、身体の活性が高まり、夜は主に副交感神経が優位になって身体はリラックスモードになります。

交感神経が優位になりすぎると血圧の上昇や動悸、息切れなどを起こし、逆に副交感神経が優位になりすぎると、意欲や集中力の低下を招くのです。

自律神経のバランスは1度崩れると簡単には回復せず、その状態を放置すれば、自律神経失調症となって、うつ病をはじめとする様々な病気へと悪化していくのです。

とくに交感神経が優位の状態が続くと、体内の活性酸素を増やして老化を進行させるばかりでなく、脳梗塞や脳出血のリスクが高まって寿命を縮めることにもなってしまいます。

自律神経失調症を悪化させないためには、生活習慣を見直してストレスを軽減することが必要となります。ストレスを軽減する快食快眠や適度な運動といった具体的な生活習慣については、ここでは触れませんが、アラフィフ世代は見直しの時期だということを知っておいてください。

つらい症状が出てきたら、早めに診察を受けることが大事。女性は生理がありますからホルモンのバランスに敏感だと言われますが、男性の場合はあまり意識することがないので、つらいのを我慢している間に進行してしまうケースが多いのです。

僕は50代になってから、長いこと夜型だった生活を昼型に変えたことで、身体も楽になったし、頭もクリアになったような気がします。

人によって効果は違うと思いますが、それ以外に僕が意識してやっている自律神経コントロール法を３つ紹介しましょう。

まず、講演をするときに、精神の高ぶりや緊張で心拍数が上がったときには、ステージに上がる前にミネラルウォーターをゆっくり飲みます。

消化器官は副交感神経が優位になると活性化するという関係にあるので、水を飲んで胃を刺激することで、副交感神経を優位にしてリラックスすることができます。よくレクチャー台の上に水を置いているのは、ノドの渇きを癒すことよりも、交感神経を鎮める効果を狙っているのです。

仕事中にはＣＤやラジオを流しているのですが、音楽には自律神経を整える効果があります。これはスポーツ選手などもよくやっていることなので、説明するまでもないと思います。

音楽が面白いのは、人それぞれで効能が違うところです。ゆったりとしたクラシック音楽が落ち着くという人もいれば、ヘビーメタルが落ち着くという人もいます。リラックスしたいときには、急にスローテンポの曲を聴くよりも、３曲くらいでテンポを落としていったほうが効果が大きいと言われています。

もうひとつは、イライラや怒りの感情を抑えることです。

イライラや怒りは交感神経を活性化させるので、ちょっとイライラしがちだなと感じたら、頭を冷やします。クルマで言えば、エンジンの回転数を落としてクールダウンさせるのです。

こういうときは頭に血が上った状態ですから、ちょっと席を立って歩いたり、軽いストレッチをすることで頭に集まった血液を全身に回してやると、脳がクールダウンします。

第5章
存分に人生を楽しむ時間の使いかた

没頭できるものは死ぬまで守れ

時間が経つのも忘れて没頭できるものがありますか？

夢中になって追いかけているものがありますか？

それがあって、他人に迷惑をかけないことならば、命の次に大事にしたほうがいい。趣味であろうが仕事であろうが、没頭できることがある人間は、それくらい幸せだと思います。

好きなことに没頭する時間は、人生にうるおいを与えるだけでなく、寿命を延ばすことにもつながります。ストレスを軽減して、脳の老化を遅らせることができるからです。

ストレスは、「つらい」「悲しい」「嫌い」といったマイナスの感情を忘れられないことに問題があって、それを解消するのが「好きなこと」や「心地よいこと」をすることだったわけですけど、何かに没頭するということは、ほかのことを忘れている時間があるということです。マイナスの感情は、一瞬でも忘れられたら薄れていくのですから、そのきっかけになるだけでもいいわけです。

人に迷惑をかけなくても、没頭したら自分をむしばんでしまうようなことがあります。たとえば、飲酒やギャンブルなどです。こういうことはもう程度の問題であって、究極には、他人に迷惑をかけなければ、あとは自己責任で楽しめばいいことだと思います。ワインがいくら好きでも、身体を壊してしまったら楽しめなくなってしまうわけですから、長く楽しみたい人は自分のペースを見つけるものです。

精神依存が窮地を救うということはありますから、つらいときに避難するものを持っていることは悪いことではありません。しかし本来、趣味や嗜好というものは、「好きだからやる」「楽しいからやる」というシンプルなプラスの感情から始まるもの。マイナス面の払拭は、あくまでも副産物です。

僕は、子どもの頃から絵を描くことに没頭していました。映画が好きだった父に連れられて、5歳くらいから映画館によく行くようになったのですが、家に帰るとチラシの裏に、印象に残っているシーンを夢中になって描いていました。父親は洋画が好きだったので、観るのはジョン・ウェインが主演する一連の西部劇や戦争映画などです。当時の僕は、英語のセリフが理解できませんし、字幕も読めませんから、どうしてもスクリーンに集中することになるわけです。

母親は、僕の描く絵を見て才能を伸ばそうと考えたようで、幼稚園に入った頃から絵の個人レッスンに通わせました。小学校3年生くらいまで、僕はそこで絵の基本やクロッキーから始めて、水彩、油絵、彫塑《ちょうそ》など一通りのことを学びます。小学校の高学年になると、鉛筆で石原裕次郎さんや浅丘ルリ子さんの精密画を描いて、友人たちに喜ばれました。

その頃から手塚治虫先生の漫画に傾倒していった影響で、絵のレッスンには通わなくなり、夢中になって漫画を描くことが多くなります。小学4年生の時には夏休みをつぶして『地球大戦』を100ページ模写したこともありました。大学では漫画研究会に属しており、サラリーマン時代には漫画から離れても、絵を描くことは続けていました。脱サラして漫画を描き出してからは、翌年にデビューすることができて、幸運なことにそれから今まで、没頭できる漫画を描き続けてこられました。

こういう人生ですから、僕の場合は「仕事が趣味」「趣味が仕事」というのは本当のことで、死ぬ寸前まで仕事をしていたいというのは、まぎれもない本心なのです。

絵を描き始めるきっかけとなった映画も、僕にとっては単なる趣味を超えて、仕事の一部でもあり、人生観のバックボーンを形成するエレメントとなっています。

父に映画館へ連れていってもらっていた僕は、小学生になるとひとりで映画館へ行くようになり、相変わらず脳裏に焼き付いたスクリーンのイメージを絵に描いていました。

この映画が観たいと思って観に行った初めての映画は、小学校高学年になってからの『戦場にかける橋』で、橋の爆破シーンは今でも鮮明にイメージすることができます。中学と高校時代は、岩国で上映される映画を片っ端から観ました。その頃からは、絵の構図であったり、ストーリーの構成であったり、人生訓のようなものなども、映画から学ぼうとする気持ちが芽生えていたように思います。松下電器を辞めてからは、名画座通いをして年間２００本くらいは観ていました。

映画のいいところは、1回が2時間から長くても3時間の没頭だというところと、何度でも繰り返し楽しめるところだと思います。今も、外で取材の仕事が続く日などは、空き時間が2時間あったら映画館に入ります。洋画の受賞作や話題作はだいたい映画館で観ていますし、どうしても観に行けなかった作品はＤＶＤやブルーレイで観ます。家で時間があるときには、1日にＤＶＤを3枚観るなんていうこともあります。ほぼ毎日寝る前にはワインを片手に衛星放送の洋画を1～2時間観て、そのまま寝落ちするという人生を送っています。

今まで、自分が書いた映画にかんする本や対談などで、好きな作品や大きな影響を受けた作品のことは何度も述べていますので、ここではあまり深入りしないようにしておきます。僕は、映画やゴルフやワインの話になると没頭して語ってしまうので、それこそ本1冊になってしまうのです。

それでも、僕の人生に影響を与えたいくつかの作品だけはあげておきましょう。洋画ではスタンリー・キューブリック監督の『2001年宇宙の旅』と『時計じかけのオレンジ』、クロード・ルルーシュ監督の『男と女』、ジョージ・ロイ・ヒル監督の『明日に向って撃て!』、デヴィッド・リーン監督の『アラビアのロレンス』など。

邦画ではなんと言っても、中学生のときに夢中になった、『用心棒』『椿三十郎』『天国と地獄』など、黒澤明監督の作品です。ほかに、オードリー・ヘプバーンの『ローマの休日』や、ロバート・デ・ニーロの『ディア・ハンター』、シドニー・ポワチエの『夜の大捜査線』も外せないですね。

いかんいかん、ここで語り出すと、また終わらなくなってしまいます。

人生にうるおいを与えてくれる趣味は、長い間楽しめるものがいいですね。僕にとっては、映画もゴルフもワインも長い付き合いになっています。没頭できる時間を作ってくれる趣味にかけるおカネは、自分への投資。ほかを切り詰めてでも大事にすべきだと思います。

複数の自分モードを使い分ける

僕はかつて、テレビのワイドショーに、コメンテーターとして出演していたことがあります。その頃、漫画家の仕事が暇だったのかと言えば、まったく逆で、週に何本もの連載を抱えながら、分単位の時間をやりくりして出ていたのです。

日常生活に刺激が欲しかったということもありますし、違う分野の人たちと接することによって得られるいろいろな情報が、漫画に活かせると感じていたからです。

テレビに出ることによる波及力は、想像以上に大きくて、半年もするとスーパーで食材の買い物をしていても、知らないオバチャンにサインを求められるようになりました。世間に面が割れているので、どこにいても弘兼憲史で、匿名の人間でいられる場所がなくなったのです。

僕は、銀座の高級すし屋やフレンチの名店などと呼ばれる店から、街の中華料理店や居酒屋に至るまで、飲食店はいろいろな楽しみ方をしてきました。予約も予定もせずに、街を歩いていてフラッと初めての店に入るという楽しみ方も好きで、そういうときは匿名のひとりの客として料理と雰囲気を楽しみたいのです。

ちょっと息抜きの散歩をしていたら、粋な暖簾の小料理屋を見つけてフラッと入ってみるとか、炭火で焼き鳥を焼く匂いにひかれてフラッと居酒屋に入ったときは、何も考えずにひとりの客としていたいわけです。そういう「匿名モード」を楽しむことはできなくなりました。

行く先々で、僕が漫画家であることすらよく知らない人たちからサインを求められるのも面倒なので、テレビ出演はやめたのですが、それにしてもメディアに顔を晒しているわけですから、匿名モードがなくなることは仕方ありません。「漫画家・弘兼憲史モード」でいなくて済むのは、ひとりでいる時間くらいです。だから、僕にとって「孤独モード」は貴重な時間となります。

標準モード以外に、いくつかのモードを持っていて使い分けることは、人生を楽しいものにするアイデアのひとつだと思います。チャンネルと言い換えてもいいでしょう。モード変更によって、自分の何を変えるのかという設定は、なんでもいいのです。意識的にモードを変更することによって、自分の中のスイッチをオンとオフにできれば意味があります。

仕事モードとプライベートモード、オンとオフ、表と裏というように2つのモードを切り替えて生きているというのが多数派だと思いますが、それだけではもったいないですね。

最近のクルマは、いろいろなメカニズムをコンピューターで管理していて、「標準モード」「スポーツモード」「エコモード」というようなコントロールチャンネルを設定しているものが多いですよね。あのように、ガツンと積極的に活動するときには、フットワークの軽い「スポーツモード」、今日はパワーをセーブして明日に備えようというときは、おとなしく家に帰る「エコモード」という設定をするのもありですね。長くは続けられないけど高いパワーを出せる、「スーパーモード」を追加設定するのも面白いと思います。

完璧主義のところでも話しましたが、優秀な仕事をしてきたビジネスマンほど、高齢になると、こだわりを捨てて自分を変えることが難しいという傾向があります。たとえば、誰とでも気軽な会話ができるようになれば、もっと人生を楽しむことができるとわかっていても、軽い人間だと思われたくないというプライドが邪魔をして実践できない、という人がいます。

そういう場合は、自分を変えようと頑張ってもストレスになりますから、遊びながら自分のモード設定を考えるのです。後半人生は、積極的に遊ばなければもったいない。ロボットものが好きだったら、「戦闘モード」「バリア解除モード」「エネルギー補給モード」なんていうのもいいでしょう。

「バリア解除モード」では、武装解除して、誰とでも軽い気持ちで会話できるスイッチがオンになり、平和を愛するキャラクターが前面に出るという設定にします。「戦闘モード」には1と2があり、「戦闘モード1」は最強の武装でハイパワー攻撃型、「戦闘モード２」は武装を軽めにして持久戦型という設定。仕事を終えて退社した瞬間に、「バリア解除モード」へとモードチェンジする指令を自分に出すのです。家に帰って「エネルギー補給モード」を終えてから、「合体モード」に入るなんていう人がいるかも知れません。

こういうことを本気で楽しみながらやってしまうオヤジ、楽しい人生だと思いませんか？

ゲームと勝負の楽しみ方

モードチェンジの最後は、ずいぶんとゲーム的な話になりました。

この辺は、僕なんかよりも、今のアラフィフ世代の人たちのほうがよっぽど知っていることだと思いますが、「疑似体験」というものも、人生にうるおいを与えてくれる要素のひとつです。

疑似体験は本気で臨むところに意味があります。ゲームを「しょせんゲーム」などと思いながらいい加減にやっても面白くありません。僕は、仕事の生き抜きにパソコンの将棋シミュレーターをやるくらいで、本格的にテレビやパソコンでゲームをやることはありませんが、プレイステーションのドライブゲームを見たときは、リアルな画像に驚きました。疑似体験を提供してくれるゲームマシンやコンピューターの進化には目を見張るものがあります。

現実という意味の「リアル」に対して、疑似体験は「バーチャル」と呼ばれます。ゲームやシミュレーターなどの疑似体験はバーチャルですが、実際に体験するものです。その点、前項で話したモードチェンジの遊びは、体験ではないので、「疑似妄想」とでも呼ぶべきでしょうか。

ゲームマシンで遊ぶゲームはプレーヤーになって疑似体験をするのに対し、疑似妄想は、自分がまずプランナーであり、プレーヤーになって自分というキャラクターをコントロールします。とてもインナーな楽しみ方ではありますけど、僕はこの、プランナー、プレーヤー、キャラクターを全部自分でやってしまうゲーム感覚が、今のアラフィフ世代のみなさんに合致する、新しい人生の楽しみ方なのではないかと思うのです。

場合によっては、「スーパーオヤジロボット大戦」なんていうタイトルから決めていってもいいんです。あくまでもカッコよくいくのであれば「バーストメタルファイター50（ファイブオー）」なんていうのにどうですか。

きっちりやるのだったら、ゲームプランナーとして企画書や仕様書を作るべきです。まずは、時空の設定から始めて、キャラクターの立場や性格を決めていきます。「近未来の地球、宇宙から飛来した謎の生命体に対抗するため、EDFD（地球防衛軍開発局）は、人型ロボット『メタルファイター50』を完成させる」なんて始めるわけです。そこに、モード設定やアイテムの仕様を書いておきます。モード設定も面白いですけど、アイテムの設定もゲームの楽しさを左右する大事な要素になります。

プレーヤーとなって自分をコントロールして楽しむのが目的ですから、できないことを書いてはいけません。ウルトラマンのように、飛んだり大きくなったりする設定はなしです。あくまでも、等身大人型ロボットです。ゲームですから、自分の中でつじつまが合わなくなって面倒なことになったり、飽きたらやめてしまえばいいのです。そして新たに、「バーストメタルファイター50—2（ファイブオーツー）」を作って楽しめばいいのですから。

ゲームと似ていますが、「勝負」も、いろいろな形で楽しむ人がいます。

僕はギャンブルはやりませんが、学生時代から麻雀は好きで、今はいろいろな分野の若手が集まる麻雀サークルに遊びに行きます。もっぱら最近は料理担当で、集まるメンバーたちに料理の面白さを感じてもらいながら、つまみや食事を作っています。若い頃に、「人生で、勝ち続ける人もいなければ負け続ける人もいない」という勝負の鉄則を、麻雀から学んだように思います。

最近、ある雑誌の対談で、勝負に生きてきた人、お二人と話をする機会がありました。ひとりは、昨年プロ棋士を引退された加藤一二三《かとうひふみ》九段、もうひとりは同い年の同業者で、競艇に1億円以上つぎ込んだという蛭子能収《えびすよしかず》さんです。

加藤一二三九段は、僕より7歳年上で、ことし78歳になられますけど、60年以上も勝負に生きてきた勝負師らしく、自信の固まりのような方で、プラスのエネルギーしか感じさせない貫禄がありました。勝負に人生を賭けた方ですから、勝負を楽しむという言い方は当てはまらないかも知れませんが、やっぱり生きていて1番楽しい時間は勝負をしているときであるはずです。

蛭子能収さんは、子どもの頃にやった駄菓子屋のくじから勝負事にハマり込んだという筋金入りのギャンブラーで、やはり、勝負をしているときが人生で一番楽しいという思い入れが伝わってきました。

勝負事というものは、かかわり方によって、勝って得るものと負けて失うものが違います。僕のように、将棋シミュレーションで5回も待ったをしながら勝つことで楽しめる人間もいれば、それこそ人生のすべてを賭けて、天国と地獄の間にいる緊張感が生きるパワーになるという人もいるでしょう。

ひとつ言えることは、年齢を重ねると若い頃と同じような勝負はできないということです。場の読み方は深くなっていても、引きのパワーや勢いは若者にかないません。持久力もなくなってきます。だから、後半人生で勝負事を楽しむコツは、勝負所を見極めて短期戦に持ち込むことじゃないかと思うのですが、どうでしょう。

日常と非日常の楽しみ方

僕は仕事の取材で、1980年代から数えきれないくらい海外の旅をしてきました。今年になってからも、54年ぶりにアメリカとの国交が回復して変貌を遂げつつあるキューバを見てきました。

常に締め切りがありますから、日程は5日間がほとんどで、現地にいるのは3日くらい。目的がその国の経済状況や企業の視察などですから、ゆっくり観光をしている時間などなくて、世界中のいろいろな国に行っている割には、名所旧跡はあまり見ていません。

でも、やはり旅は非日常を強制的に味わうことになりますから、人生にうるおいを与えくれる貴重な時間です。講演の仕事などで新幹線で移動するだけでも、あそこであれを食べて、あれを買ってなどと、ちょっとした楽しみを作ることができます。

「日常の中にある非日常」の楽しみ方は、これまでいろいろな本で紹介してきました。海外旅行では治安の問題などがあって、なかなか冒険気分を味わうことはできません。アマゾンの密林ツアーなんかに参加すれば、それなりの冒険はできるのでしょうけど、準備が大変です。その点、国内の旅行だったらひとりでも気軽に行けますし、冒険することができます。非日常を楽しむ冒険旅行は、ひとり旅が基本ですね。

1960年代の後半から1970年代にかけて、昨日まで普通に仕事をしていた人が突然いなくなる「蒸発」という現象が急増して流行語にもなりました。日本のどこにいてもだいたいスマホを持っていれば家族との連絡がとれる今だからこそ、蒸発オヤジの気分を味わってみる旅というのはどうでしょう。

3日間とか4日間とか期間だけを決めておいて、行先や宿泊先を決めずに家を出るのです。本当に蒸発事件になると大変なので、家族にはひとり旅に出ることを言っておきます。

駅前のファミレスあたりで、スマホの地図を眺めながら行先を決めます。東京から行くのだったら、東北か北陸方面にある海辺の小さい港町なんかが、気分が出ていいかも知れません。ここからはもう、松本清張作品の登場人物になった気分で、スマホの電源は切ってしまいましょう。

基本として新幹線は使いませんから、海辺の駅に降り立つのは夕刻になります。最果ての地に流れ着いた孤独感をかみしめながら、寂れた通りを歩いていく自分。もしかしたら、本当にこのまま帰らないなんてことがあるのかもしれない。そんなとりとめのないことを考えながら歩いていると、１軒の小さな居酒屋が。

こうなると、『駅　ＳＴＡＴＩＯＮ』の高倉健さんの気分です。地元の漁師がワイワイやってるような店は、食べ物は美味いでしょうけど、蒸発の気分には合いません。ここはやはり、誰も客がいないような店の暖簾を勇気を出してくぐるべきです。もしかしたら、倍賞千恵子さんのようなおかみがひとりでテレビを観ているかもしれません。古い看板がボーッと光っているようなスナックなんかも、昔を思い出せてノスタルジックな気分を盛り上げてくれるかも。不機嫌な顔をしたバアさんがやっているような店だったら、外したと諦めて、ビールを1本だけ飲んで次の店を探しましょう。

最悪、泊るところが決まらなくても、国内だったら1晩くらいなんとかなります。それから2日間なり3日間なり、口数の少ない正体不明の流れ者として過ごすのです。この蒸発旅行は、いろいろな展開が楽しめると思いますよ。

考えてみれば、非日常が楽しいなんていうことは、当たり前のことです。長年、非日常を楽しんできた人には、新鮮味がないかも知れません。そこで、後半人生の楽しみ方として僕が新たに提案したいのは、「日常を楽しむ」方法です。

僕は新幹線などで移動するときは、いまだに車窓の景色を見るのが好きです。いいなあと思って見入ってしまうのは、富士山や河川など自然の造形ではなくて、民家や田畑など人間の生活が感じられるところなのです。

街や村からポツンと離れたところにある古い一軒家や、畑の中にある１台の耕運機なんかが見えると、「ああ、こんなところにも人間の生活があるんだな」としみじみするのです。暗くなってきて、知らない街のマンションの部屋にいくつも灯りが点ってきたり、家路を急ぐ人たちの姿が見えると、「ああ、ここにも日常があるんだな」と感じて、なんとも言えない温かい気持ちになるのです。

講演で訪れた地方の城下町で、仕事を終えた夏の夕方、食事までには少し時間があるので旧街道沿いに川まで歩いてみると、立ち並ぶ古い民家から煮物を煮詰める匂いや、魚を焼く匂いが漂ってくるんです。今まで川で遊んでいたのでしょう、男の子が２人歩いてきて、「じゃーね」「ただいま」と、それぞれの家に帰って行く。旅先で出会ったセピアな昭和の原風景が心の琴線に触れて、熱いものがこみ上げてきます。

旅には、こんな楽しみ方もあります。
言わば、「非日常にある日常」。
旅先で触れる人の心の温かさ、なんていうのも大人の楽しみじゃないでしょうか。

「結婚」という形にとらわれない

未婚者が増えた理由は、「結婚して子どもを持って一人前」というように、世間が結婚していないことを問題視しなくなったことや、結婚しなくても不便さを感じない生活ができるようになったことがあります。男女ともにアンケートでは、自分が自由にできるおカネが減ってしまう、恋愛にあまり興味がない、といった回答が上位に来ています。

こういった社会的背景や、個人の事情が影響して50代まで未婚できた人が、高齢結婚で悩むケースが増えています。恋愛にはあまり興味がなかったのに、ある日芽生えた恋愛感情は、今まで人生で経験したことのない幸福感や充実感をもたらして、この人と一緒に生きていきたいと思うようになるのです。

ところが、お互いの家族や仕事のことを考えると、結婚したほうがいいのか、しないままでもいいのか、悩むわけです。

海野つなみさんの漫画『逃げるは恥だが役に立つ』が、２０１６年にテレビドラマになって話題になりました。就職難の中、新垣結衣さん演じる25歳の女性が、家事代行サービスをしに行った先で、星野源さん演じる36歳の童貞男に対して、仕事としての契約結婚を申し出るというラブコメディです。

このドラマのヒットで、若い人たちの間では契約結婚が話題になったようですけど、契約結婚は昔からある事実婚の形態で、このドラマに描かれた男女の関係とは違います。契約結婚を世界に認知させたのは、なんと言ってもフランスの哲学者サルトルと女流作家ボーヴォワールでしょう。

サルトルとボーヴォワールが出会ったのは１９２９年のソルボンヌ大学で、今から90年も前のことです。24歳と21歳だった２人は惹かれ合い、サルトルが正式な結婚も同居もしない２年間の契約結婚を提案し、ボーヴォワールは受け入れます。サルトルは、カトリックの影響から女性に従属的な立場を強いる旧来の結婚関係を否定して、自由で対等な男女関係にしようと提案したのです。

2人は、ソルボンヌ大学で1級教員資格を目指してお互いを高め合い、サルトルは首席合格、次席になったボーヴォワールは歴代最年少で合格しました。その後も2人は、愛、結婚、性などという男女間の問題を論じ合い、お互いの関係を自由なものと考え、偶発的な恋愛は認め合うという結論を出し、50年以上にわたって世間からは奇妙とも言われる関係を続けたのです。サルトルは生涯に何人もの女性を愛人にし、ボーヴォワールも恋人を作った時期がありましたが、、別居をしていてもお互いの存在を常に認め合い、晩年には一層強い絆で結ばれて、没後はモンパルナスの墓地で一緒に眠っています。

2人の人生を描いたフランスのテレビ映画『サルトルとボーヴォワール　哲学と愛』が2006年に日本でも劇場公開されたので、記憶している人も多いかと思います。

彼らの関係には、フランスにおいて結婚や離婚が大変な手続きと時間を要するという事情も背景にあります。サルトルとボーヴォワールの影響もあって、ますます事実婚が多くなったフランスでは、１９９９年に結婚よりも大幅に手続きを簡素化した共同生活の契約である「ＰＡＣＳ」が制定されて、法的な権利がある程度認められた事実婚が一般的になっています。

こういう話をすると、事実婚にかんしてはフランスが進んでいるように思えるかも知れませんが、実は、日本では１９３０年代から「内縁関係は意外と簡単にできる国」なのです。それなのになぜ事実婚に躊躇する男女が多いのかと言えば、冒頭で紹介したような理由と世間の目があったからです。

団塊世代は恋愛結婚至上主義を打ち立てましたが、日本では、結婚した男女の3組に1組が離婚しています。結婚に夢を求めても、所詮が他人である夫婦関係というものは、いつ壊れてもおかしくないのです。とくに、それぞれ仕事を持ち、お互いに人生の目標があるという関係だったら、もはや結婚という形態にこだわる必要はないと思うのです。

結婚関係にない男女の間にできた非嫡出子を法的に保護する態勢もできてきて、2013年には民法の一部が改正されて、非嫡出子の法定相続分が嫡出子と同等になりました。

何歳になっても、ときめく気持ちは、人生のうるおいや生きがいを与えてくれます。でも大人の恋愛関係は、お互いに重荷にならないことが大事。同居してもいいし、別居だってかまいません。法的に決めておきたいことがあったら、契約書を作ればいいのです。

後半人生の男女関係のあり方は、もっと自由に考えていい時代だと思います。

ひとつの「道」にこだわらない

自己愛性パーソナリティ症候群という精神疾患があります。自己愛が強いために、自分は他人と違う特別な存在だと思い込み、他人との協調が難しくなって社会に適応できないという病気です。プライドが高くて完璧主義の人間が陥りやすいと言われています。

精神疾患とまではいかなくても、自己愛が強い人は「自己チューな人」という見方をされて、孤立しがちです。この本では、自己愛の悪い面を出さないために、邪魔になるプライドは捨てたほうがいいことや、染みついた完璧主義の捨て方を解説してきました。

一方で、自己愛が足りない人は、総じて自己評価が低いので願望を放棄してしまう傾向があり、自信のなさから不安を抱えやすくなります。自尊心が低いために自己評価を必要以上に下げてしまい、「どうせ自分にはできない」「どんなに頑張ったって認められない」と卑屈になって、最初から願望を放棄してしまうのです。不安は、高すぎる願望が叶わないことに対する感情だと言いましたが、願望の放棄というのは、最初から諦めてしまっているということですから、何もしないうちに不安の固まりになっているようなものです。

高すぎるプライドや過去の栄光などは人間関係の邪魔になりますが、自尊心が低い人間は輝いていません。自分を大事にしていない人間には魅力がありません。だから周囲に人が寄って来ないのです。

日本人は、自己愛を悪いものとして考える傾向があります。

自分よりも社会や他人を優先させることがよいとする自己犠牲の精神が染みついているからです。本音と建前を分けて考え、本音を犠牲にしてしまうので願望を放棄することになり、それでも不安を押しつぶそうと歯をくいしばって耐えるようなところがあります。

いくら美学とは言え、それでストレスを溜めて不幸になるのでは、周りの人間を幸せにすることなどできません。本音を言えば、誰もが幸せになりたいでしょうし、自分を大事にしたいはずです。後半人生では本音を認めて、自己愛を素直に受け入れて生きればいいんじゃないかと思います。自己愛は口に出すようなことではありませんから、胸に秘めておけばいいのです。

自分を愛せない人間は、人の愛し方を知りません。自分を好きになれなければ、他人を好きになることもできないのです。裏を返せば、自分を許すことができる人は、他人も許すことができるのです。こういう人は、器の大きな人間として魅力的に映るものです。

日本人の美学には、道を極めるという思想もありますが、これも他人を許せない要因になっています。古来から伝わる精神を「武士道」「相撲道」「茶道」「華道」というように1本の道として、それを極めることが崇高であるとする考え方です。

これは、その1本の道を進まなければいけないとする完璧主義ですから、自分を追い込むことによって成り立ち、それが不安やストレスを生み出すことになります。不安に打ち勝つために、正面しか見ないで道を進むので、自分が置かれている現実が見えなくなってしまうリスクもあります。

その道で生きてきて、後半人生もその道の達人を目指すことが自分の幸福だという人には、余計なお世話ですから、無視していただいて問題ありません。

そうじゃない人でも、日本人のＤＮＡには、こうした「道」の思想や自己犠牲の思想が刻まれているように思うのです。宗教的なこととは違うものですけど、日本人特有の思想ではないでしょうか。

後半人生に踏み込んでからも、その先にのびる道は無数にあるのです。1本の道にこだわる生き方は、負けたときに逃げ道がありません。勝ったり負けたりするのが人生、背水の陣をしくのは最後だけにすべきです。いろいろな人生があって、その人なりの楽しみ方があるのですから、誰もが険しい道を極めなくてもいいのです。

自分の好きなところも嫌いなところも受け入れてしまい、好きなことや心地よいことを優先して生きることが、後半人生を楽しむ術だと思うのです。自分に優しくなれれば、人に対しても優しくなれるはずです。

第6章

この先の時間、自分で死にかたを選ぶ

僕が在宅死を選ぶ理由

終章は、人生終盤の時間術「自分の終活」について話したいと思います。

僕は、できれば死の寸前まで仕事をしていたいと思っている仕事好き人間ですから、藤子・F・不二雄先生のように、漫画を描いていて心臓が止まり、机に突っ伏して逝くのが理想だと言ってきました。

最近は、小雪が舞い降る夜中にどこかの橋の欄干にもたれかかって喀血し、ズルズルと倒れ込むといった、野良猫みたいな最期もいいと思っています。朝になってから、「あれ、漫画家の弘兼じゃないか?」と、通行人に発見されるのです。

60歳を前にした頃からそんな自分の終活を意識し出して、今まで何冊もの本で自分の死生観や孤独観、高齢化社会が抱える「死」を巡る問題について語ってきました。

10年と少しの時間が流れて僕は70歳を超えたわけですが、終活にかんする考え方はほとんど変わっていません。

でも、後半人生を楽に生きる術の締めくくりとして、このテーマを外すことはできないと思いました。ここで話すことも、これまで書いてきたことと重複するはずですから、できるだけ要点をかいつまんでいくことにします。

僕が在宅死を提言してきたのは、２つの理由からです。

ひとつは、自分の死に様を家族に見せておくのは重要なことだと思ったからです。

僕らが子どもの頃は、人の死が身近なものとしてありました。今のように病院で亡くなる人は少なくて、ほとんどの老人は家で家族に看取られながら最期のときを迎えました。亡くなれば、そのまま家で葬儀が営まれます。近所の知り合いの家でおじいさんが亡くなって、お線香の匂いが流れてくる家の中をのぞくと、布団の上に遺体が寝かされているといった光景は、普通にありました。

地域性もありますけど、あの時代くらいまでの子どもたちは、昨日まで話をしていた人間が、死んで冷たくなるということがどういうことなのか、成長する過程で身をもって体験しました。だから、自分の家族が死んだときも同じようにして冷たくなっていることを理解するので、受け入れることができるのです。

ところが、多くの高齢者が病院で亡くなるようになってからは、そうした「死の現場」を体験することなく育ち、人間の死体を見たことがないという大人も出てきました。お棺の死体を見るのが怖くて、祖父や祖母の葬儀にも参列しない子どもも多いと言います。死の意味が受け入れられていないので、平気で動物を虐待するような人間も育ってしまいます。

アラフィフ世代のみなさんの中には、親の死に際して初めて死体に触れたという人も少なくないのではないでしょうか。

生きていれば必ず訪れる死というものを、いたずらに誇張することなく、当たり前のこととして受け入れられる人間になってもらうために、自分の死に様を子どもたちに見せるべきではないでしょうか。それが、団塊の世代が世の中の役に立つ最後の方法だとも思います。

もうひとつの理由は、先のない高齢者が病院のベッドを占領してはいけないと思ったからです。病院は、身体の不調を治して社会復帰するためにあるのですから、働いて社会を支えている人間が優先的に入院できるようにすべきです。先が見えている高齢者は、身体に悪いところがあっても、できるだけ在宅医療を受けるべきだと思うのです。

この10年で、不治の病と言われてきた「がん」も、治る病気へと変わってきて、病院のベッドの状況にも変化が起こっています。今や、抗がん剤治療や放射線治療は、ほとんど入院を必要としないものが多くなり、外科手術をしても早期退院です。

待望の「光免疫療法」の治験が、いよいよ日本でも今年から始まりました。米国立衛生研究所で、日本人の医師らを中心とするグループが開発した光免疫療法は、ある色素を体内に入れて近赤外線を照射すると、がん細胞だけが破裂するという画期的な治療法で、実用化に向けては、お父さんをがんで亡くされた楽天の三木谷さんが支援を進めてきたことで知られています。この治療法が実用化されると、がんの早期発見は必要なくなるとさえ言われています。

今後は、ゲノム（遺伝子）編集による治療、iPS細胞による人工臓器など、ますます医療が急進し、どんどん人間は死ななくなっていきます。そうなれば、超高齢社会はさらに加速、拡大されることになるでしょう。

在宅死を選択できる条件とは

病院で死亡する人の割合は、１９５１年の９・１パーセントから２０１４年には75・２パーセントに上昇し、自宅で死亡する人は、１９５１年の85・２パーセントから２０１４年には12・８パーセントへと、ほぼ逆転しています。

一方、自宅で最期を迎えたいと希望している人は、体調や介護の必要度合いにもよりますが、末期がんであっても、意識や判断力が健康な人と同様の場合、71・７パーセント、医療機関を希望している人が19パーセントという、厚生労働省による２０１３年の調査結果があります。

この数字でわかることは、自宅で最期を迎えたいと思っていても、現実にその希望が叶う人は少ないということです。安心して在宅死をするために必要な条件とはどのようなものなのでしょうか。

重大な病気を患っていない人のケースは、次項で取り上げたいと思います。

末期がんのような状態で在宅死を望む場合には、医師が終末期であることを診断し、本人と家族の意思を確認します。家族だけのケアでは無理ですから、その上で在宅医療を行う医師と訪問看護を行う看護師、介護を支援してもらうケアマネージャーとが連携をしてもらわなければいけません。

さらに、在宅看取りの段取りも家族に知っていてもらわなければいけません。

病名がわかっていて死因が特定できる場合は、警察の検死が必要になることはほとんどありませんが、息を引き取ったときの状況は説明してもらわなければならないので、どんなことが起こりえるか医師によく聞いておいてもらうことも大事です。

在宅医療は過剰な手当てをしないことが基本ですから、家族が見ていないちょっとした間に亡くなることも多くなります。

ただこうした家族の協力と経済的な余裕がなければ、末期がんなどの在宅看取りはしてもらえないわけですから、家族に迷惑をかけたくないと思ったら、病院や施設を選ぶほうが、気楽であることも事実です。

孤独死は怖くない！

重大な病気を患っていなくてひとり暮らしをする高齢者は、「独居高齢者」と呼ばれます。また、「孤独死」とは、適切な治療を受けずひとりで亡くなることを意味します。

ひとり暮らしの高齢者が自宅で亡くなることは、寿命が尽きたわけですから、ごく普通のことです。どこからが孤独死とされるかについて定義はありませんが、問題は発見が遅れることなんです。亡骸が数日経ってから発見されると、可哀相な死に方だととらえられて「孤独死」と言われます。ですから、死んでもすぐに発見されるように準備しておけば、孤独死とは言われないで済むわけです。

高齢者人口に占めるひとり暮らしの高齢者の割合は、１９８０年には男性４・３パーセント、女性11・２パーセントでしたが、２０１５年には男性13・３パーセント、女性21・１パーセントと急増しています。そして、80パーセント近くが、今のままひとり暮らしを続けたいと思っています。

離れて暮らす家族が心配するのはいつの時代も変わりませんが、今や70代でもスマホを簡単に使える時代ですから、毎日連絡をとることは難しくありません。これもこの10年間でずいぶんと状況が変わった点です。ＬＩＮＥやメッセンジャーなどのＳＮＳを使って、楽しみながら家族や社会とつながる独居高齢者も増えています。

各自治体も独居高齢者の不安を解消しようとする対策を進めており、安心電話や配食などの見守りサービス、安心カプセルや緊急ペンダントといった緊急時の安心対策を始めていて、地域での声掛け運動も盛んになっています。ホテルのドアにつける「Do Not Disturb」の札みたいなものを、朝起きたときと夜寝る前に裏返すようにすれば、巡回する人が一目でわかっていいんじゃないかと思います。

問題となるのは、身体が動かなくなってきたときと、認知症などの症状が出てきたときです。簡単な家事や買い物などを代行してくれる有料サービスは多くの自治体でも行っていますが、介護が必要になってくると状況は変わります。今後さらに、孤独死を恐れなくてもいい時代へと変わってはいくでしょうが、排泄が自分でできなくなったら、先のことを考えなければいけないタイミングでしょうね。

「高齢者施設の現状」どうなっているのか

僕は、要介護になっても家族に介護をしてもらいたくないと思っています。そう思っている人は、ひとり暮らしができないと判断したら施設に入るという選択をすることになります。みなさんがその年齢になるまでは、まだ時間がありますけど、ここで現状を知っておくのも悪くありません。

親の介護のところで少し触れましたが、現状で、安心して暮らすための施設を考えると、介護の有無や要介護の度数などにもよりますが、だいたい次のような種類があります。

まず、「特養」と呼ばれる「特別養護老人ホーム」があります。在宅介護が困難な要介護者が入居する施設が多く、費用は月額５〜15万円程度で初期費用などはかかりません。しかし、入居できるのは要介護3～5の人に限定されています。2013年には50万人以上が入居待ちをしている状態でしたが、要介護1と2の人が入居できなくなって、待機者は16万人も減少しています。現状ではまだ望む地域での入居が困難な状況ですが、職員の確保や経営の効率化が進む今後は、改善していくことが予想されます。

次に、「老健」と呼ばれる「介護老人保健施設」です。要介護1以上の高齢者が在宅復帰を目指すリハビリをする施設ですが、特養待ちの人たちの入居場所になってしまっているのが現状です。初期費用などは不要で、月額は特養よりもやや高めになります。原則として3カ月しかいられないので、あちこちの老健を転々とする高齢者も少なくないようです。

次に「サービス付き高齢者向け住宅」です。主に民間企業が運営する、基本的に介護の必要がない高齢者のための賃貸物件です。施設で介護サービスなどは提供されず外注になり、安否確認サービスと生活相談サービス、バリアフリーだけが義務付けられている自由度の高い環境で暮らすことができます。賃貸契約ですから、立地条件や設備に応じた入居時の敷金と月額の利用料がかかります。以前は、「高齢者専用賃貸住宅（高専賃）」や「高齢者向け優良賃貸住宅（高優賃）」などと呼ばれる物件もありましたが、現在では「サービス付き高齢者向け住宅」に名称が統一されています。

次に「ケアハウス」は、介護は必要ないけどひとり暮らしは不安だという高齢者や、家族との同居が困難な高齢者のための施設で、食事や洗濯などのサービスが受けられます。ケアハウスは「軽老人ホームＣ型」とも呼ばれ、介護が必要ない「一般型」のほかに入浴や食事などの介護サービスもある「介護型」があります。一般型は、初期費用が30万円程度の保証金で、月額が7〜13万円程度と安いのが特徴です。

次に「グループホーム」と呼ばれる施設では、認知症の高齢者が介護スタッフとともに５〜９人で共同生活を送ります。認知症の進行緩和を目的としているので、症状が悪化した場合には退去しなければいけません。これも一般的には敷金のような100万円程度の初期費用と、10～30万円程度の月額利用料がかかります。

最後に、入居者のニーズに応じて食事、介護、家事、健康管理といったサービスが提供されるのが「有料老人ホーム」で、「介護型」や「住宅型」があります。入居時に500万円から高いところでは数千万円という一時金を支払い、月額も20～30万円と高額なところが多いので、十分な貯蓄がある高齢者が対象となります。

ざっと分類すると高齢者向け施設はこういう状況で、中には年金だけで入居できるような施設もあります。サービス付き高齢者向け住宅や有料老人ホームは、夫婦で入居する人もいますが、ひとり暮らしの高齢者が「終の住処」として選ぶことも多くなっています。

リビングウィルのすすめ

病院で家族の死に立ち会ったことがある人は経験したことと思いますが、尊厳死が法制化されていない日本では、たとえば脳梗塞や脳出血などで意識がなくなって自発呼吸ができない状態になったときに、1度人工呼吸器を装着してしまうと、いくら家族が望んでも医師が人工呼吸器を外すことはできません。

延命治療とは、回復の見込みがなくて死期が迫っている患者を、人工呼吸器などの生命維持装置や点滴などで延命する医療のことです。延命治療が問題視されてからは、日頃から家族に自分の意思を伝える人も多くなっていますが、自筆の書面として残しておかないと本人の意思とは認めない病院もあります。

自分がそういう状態になったら、延命治療などしてほしくないと思っている人は多くても、倒れて意識がなくなってからでは意思表明ができません。だから、元気なうちに、もしくは病気になっても判断力があるうちに、「どのような延命措置を講じていても、病から回復する可能性がなく、なおかつ外界に反応せず脳波が平坦になった場合には治療をしない」という意味の「リビングウィル」（尊厳死の宣言）を書く人が日本でも増えています。

末期がんであったとしても、話せるうちなら意思を伝えることもできますが、脳梗塞などで倒れたまま意識不明になることもあるのですから、今日、自筆で書面を残しておいたほうがいいのです。

入院や延命治療に関する意思と一緒に、家族が困らないために書き残しておいたほうがいいことがいくつかあります。

長期入院や危篤状態になったときに連絡してほしい人の連絡先。通帳やキャッシュカード、保険や株式などの保管場所。アレルギーの有無、病歴やケガの履歴、服用している薬の種類。運転免許証や健康保険証の保管場所。年金やその他の収入と毎月支払っているものなど。どのような介護を望むか。臓器提供にかんする希望。

あとは死んだときの段取り、戒名はいらないとか、葬儀は不要といったこと、それから必要な人は遺言でしょうね。

「尊厳死」と「安楽死」——死ぬ権利とは

1973年のアメリカ映画に『ソイレント・グリーン』という作品があります。原作は『人間がいっぱい』という1966年に書かれたSF小説で、原作では1999年となっていた時代設定が映画では2022年に変わっています。

地球は限界まで人口が増えてニューヨークは地下まで人で溢れ、肉や野菜といった食べ物はほんの一部の富裕層だけのものとなり、普通の人たちは人間の肉から作ったチップを食べているという怖い話です。

その時代は、60歳になると「人間定年」になって、公営施設で安楽死することが法律で決められています。死ぬときにその施設に行くと、いろいろと死に方を選べるんですけど、映画の中ではひとりの男がベートーベンの「田園」を聴きながら、天井に大写しにされる大自然の風景なんかを見て、癒しの中で薬が効いて死んでいきます。

１９７０年代にこの映画を観たときはかなりショッキングな内容だと感じましたけど、時代設定の２０２２まであと４年となった今、超高齢社会の中で考えると、寿命が法律で決められる「人間定年制」も、あり得ることなのではないかと思えてきます。

２００４年のアメリカ映画『ミリオンダラー・ベイビー』は、安楽死や人間の尊厳を世に問いかけた、クリント・イーストウッドの最高傑作です。キリスト教徒が作った国であるアメリカで、この映画がアカデミー賞作品賞を受賞したことは、大きな意味を持っていました。

僕は、「尊厳死」という言葉はあまり好きではないのですが、ここで、尊厳死と安楽死について整理しておきましょう。

安楽死は、耐えがたい苦しみに襲われている患者や、死期が迫っていることが確実な、回復の見込みのない末期患者が、自分の意思で死を選ぶことです。ともに医師の助けを得て、薬物などを投与して死期を早める「積極的安楽死」と、薬物の投与や延命措置を中止して死期を待つ「消極的安楽死」があります。

尊厳死とは本来、「その人間の尊厳を保ったまま選ぶ死」という意味で、たとえば特攻隊で敵艦に突っ込んでいった若者の死も、尊厳死と言えないこともありません。しかし現在、一般的には消極的安楽死のことを尊厳死と呼ぶようになっています。65歳以上の統計では、90パーセント以上の人が、延命措置はしないでほしいと希望しているのですから、延命措置をしないことは一般的な尊厳とされているわけです。でも、消極的安楽死は、死期を延ばすだけの治療をやめて、自然な状態で死期を待つことですから、「自然死」とでも言ったほうがいいような気がします。

しかし、法制化を進める中では、「消極的安楽死」や「自然死」と呼ぶよりも「尊厳死」と呼んだほうが都合がいいということもあります。日本では積極的安楽死についてて、まだ議論すら始まっていません。消極的安楽死は、尊厳死という名で法制化が進められているのですが、障害者団体などの反対もあって難航しています。

苦しみに襲われている、死期が確実に迫った末期患者に対し、家族の強い要望で延命治療を中止した医師が殺人罪に問われるケースが増えたことから、２００７年に厚生労働省は「終末期医療の決定プロセスに関するガイドライン」を作って、患者本人の意思に基づいた医療を進めることが重要であるとし、患者の意思確認ができない場合は家族の推定意思を尊重することを示しました。

その後、「人生の最終段階における医療の決定プロセスに関するガイドライン」と改称されて細部が改定されましたが、現在も延命治療を中止した医師が法的責任を問われる可能性がゼロにはなっていません。

日本では積極的安楽死が認められず、手を貸せば自殺幇助の罪に問われます。自発的な意思があること、治療法のない病気であること、痛みが耐え難いことなどの条件が満たされれば医師の幇助で安楽死が認められる国には、スイス、オランダ、ベルギー、ルクセンブルク、カナダのほか、アメリカやオーストラリアのいくつかの州があり、２０１７年には韓国で尊厳死が法制化されています。

僕は、生きる権利と同様に、誰もが死ぬ権利を持っていてしかるべきだと思っています。確実に死期が迫ったとき、社会や家族の負担にならないまま幕を下ろす自由は認められるべきだと思うのです。日本も、一刻も早い消極的安楽死の法制化と同時に、積極的安楽死の議論を急ぐ時期に来ていると思います。

おわりに――

後半人生は自分に優しく

この本を書くにあたり、当初は、アラフィフ世代のみなさんが高齢者となる10～15年後の世の中をあれやこれやと予測してやろうと思っていました。10～15年経ったときに、「弘兼の言ったことは間違いなかった」と言わしめる目論見があったのです。

僕が社会派漫画家などと呼ばれるのは、綿密な取材をもとにしたリアルな情報を漫画に盛り込んだからで、『島耕作』シリーズは、情報50パーセント、エンターテイメント50パーセントというスタンスで描いてきました。

そのために行った海外取材も数知れず、いつも世界経済の動向を気にかけてきました。２００９年にパナソニックが三洋電機を吸収合併した際には、『専務　島耕作』に描かれた通りになったと話題になり、情報収集の手応えを感じたものでした。

ところが、昨年から今年にかけての世界情勢を見ると、トランプ米政権が世界経済に与えるリスク、中東や北朝鮮を巡る地政学的リスクなどで緊張感が高まっており、10年どころか2年後の世界すら予測するのが困難な状況になっています。

アメリカと中国が始めた関税合戦は、1929年の大恐慌がごとく、世界的な経済危機の引き金となる危うさがありますし、留まるところを知らないITの進歩は「会社に多くの人間が集まる」という仕事のスタイル自体を変えてしまい、1990年代の情報革命以上に生活を変貌させる可能性だってあります。

スティーブ・ジョブズは、未来を予想するのが難しかったら、自分たちで未来を作ってしまえばいいと言いましたが、混迷の時代だからこそ、面白さを見出せるということもあります。

たしかに、刺激がない世の中なんて面白くありません。激動があって波乱があってこそ、喜びも悲しみ深いものとなり、人生の楽しみ方も多様化するものです。

世界経済の動向を予測することが難しくても、加速度的な少子高齢化や独居高齢者の増加、日本の国力低下といった斜陽の時代が進んでいくことは、誰の目にも明らかなことです。だからこそ後半人生の生き方も、まずは高速道路を下りてハイパワーのイケイケモードから標準モードに落とし、ときにはエコモードに切り替えて、あっちこっち寄り道をしながらいろいろな道を楽しめばいいと思うのです。

さらに効率よく楽しもうと思ったら、場合によってはハイブリッドのパワーソースをうまく使い分けるような、新しいメカニズムが必要になるかも知れませんが、マルチチャンネルやデュアルタスクはオタク世代にとっては標準装備じゃないですか。

10年ほど前から、僕ら団塊世代が高齢者となることを契機として、様々なシニア向けビジネスが注目されてきましたが、目立った成功例はありませんでした。これは消費行動の多様化に対応できなかったことに敗因があると言われています。

これからは、働くシニアがどんどん増えるのですから、シニアがシニアに対して商品やサービスを提供することになっていきます。要するに自分たちと同じオタク世代を対象として、面白いものや便利なものを考えることがビジネスになるわけです。そこに急進するテクノロジーやＡＩがシンクロしていくのですから、これは面白い時代になると思いませんか？

後半人生は、ちょっと自分に優しい燃費モードに切り替えて、最後まで景色を楽しみながら走り抜いてください。そしていつの日か、今の僕と同じように、自分の目で見てきたことを次の世代に伝えてあげたらいいと思います。

２０１８年８月
弘兼憲史

２０１８年１月21日に他界された西部邁さんに、感謝の意を表します。

50歳からの時間の使いかた

2018年9月20日　　初版第1刷発行

著　者　弘兼憲史

発行者　笹田大治
発行所　株式会社興陽館
〒113-0024
東京都文京区西片1-17-8 KSビル
TEL 03-5840-7820
FAX 03-5840-7954
URL http://www.koyokan.co.jp
振替　00100-2-82041

カバーイラスト　弘兼憲史
装　幀　長坂勇司(nagasaka design)
編集協力　佐藤美昭
校　正　新名哲明
編集補助　稲垣園子＋斎藤知加＋島袋多香子＋岩下和代
編集人　本田道生
印　刷　KOYOKAN,INC.
DTP　有限会社天龍社
製　本　ナショナル製本協同組合

ISBN978-4-87723-231-3 C0095

もの、お金、家、人づき合い、
人生の後始末をしていく

身辺整理、わたしのやり方

曽野綾子

本体 1,000円+税

ISBN978-4-87723-222-1 C0095

モノ、お金、家、財産、どのように向きあうべきなのか。曽野綾子が贈る「減らして暮らす」コツ。

あなたは死の準備、
はじめていますか

死の準備教育

曽野綾子

本体 1,000円＋税
ISBN978-4-87723-213-9 C0095

少しずつ自分が消える日のための準備をする。「若さ」「健康」「地位」「家族」「暮らし」いかに喪失に備えるか？

曽野綾子が贈る「誰にとっても必要な教え」。

片づけのみならず暮らし全般を網羅！
暮らし哲学の神髄がこの一冊に

あした死んでもいい暮らしかた

ごんおばちゃま

本体 1,200円+税
ISBN978-4-87723-214-6 C0030

「身辺整理」してこれからの人生、身軽に生きる！ こうすれば暮らしがすっきりする「具体的な 89 の方法リスト」収録。

「いつ死んでもいい暮らし方」でスッキリ幸せ！

宮沢賢治、ソローからアメリカ大統領のトランプ、オバマまで愛読し、
座右の銘とした魂のメッセージ。新訳！

自信

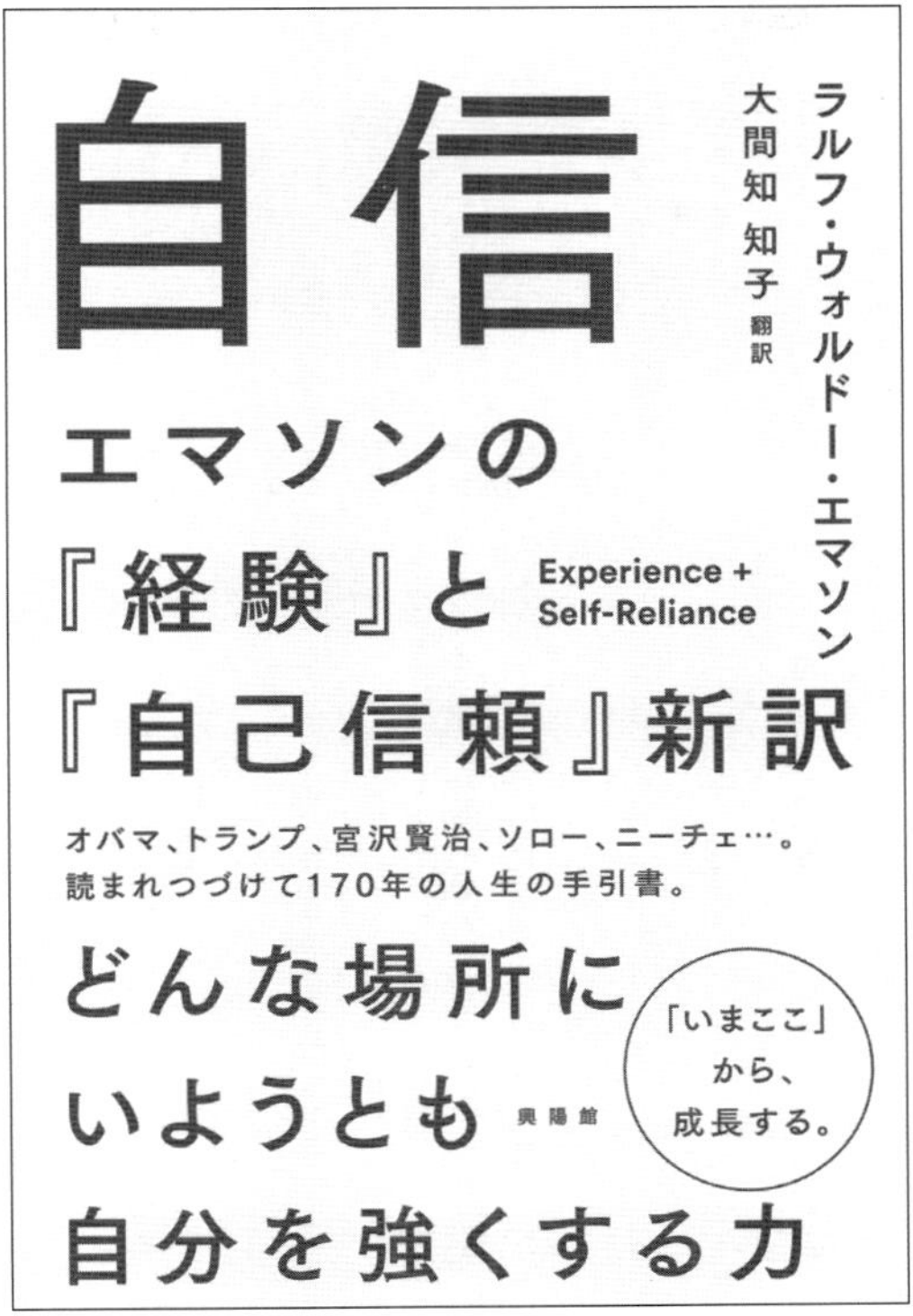

ラルフ・ウォルドー・エマソン　著　大間知知子　翻訳

本体 1,100円+税

ISBN978-4-87723-224-5 C0095

先延ばしにしたり、他の誰かと比べたり、空頼みをしたりせず、自分のいる場所で、たとえ実際の仲間や環境がどれほどつまらなく嫌気のさすものであってもそれを受け入れて、この一瞬一瞬を生きる。

『ウォールデン森の生活』の著者、
究極のミニマリスト、ソローの教え。

孤独は贅沢
ひとりの時間を愉しむ極意

ヘンリー・D・ソロー 著　増田沙奈 訳　星野 響 構成

本体 1,000円+税

ISBN978-4-87723-215-3 C0095

静かな一人の時間が、自分を成長させる。
お金はいらない、モノもいらない、友達もいらない。
本当の豊かさは「孤独の時間」から——。

群れるな。孤独を選べ。
岡本太郎の最新生き方論

孤独がきみを強くする

岡本太郎

本体 1,000円+税
ISBN978-4-87723-195-8 C0095

たったひとりの君に贈る、岡本太郎の生き方。孤独はただの寂しさじゃない。人間が強烈に生きるバネだ。孤独だからこそ、全人類と結びつき、宇宙に向かってひらいていく。

一日五秒、
筋トレで背筋ピシッ!

年をとっても
ちぢまない まがらない

船瀬俊介

本体 1,300円+税

ISBN978-4-87723-210-8 C0095

「背が縮む」「腰が曲がる」。あなたは老化現象だとあきらめていませんか?
本書のちょっとした工夫で、ヒザ痛、腰痛、脊柱管狭窄症も改善されます!